C. A. H. Burghardt

Die Gefangenschaft Johann Friedrichs des Großmüthigen

Das Schloß zur fröhlichen Wiederkunft

C. A. H. Burghardt

Die Gefangenschaft Johann Friedrichs des Großmüthigen
Das Schloß zur fröhlichen Wiederkunft

ISBN/EAN: 9783743444843

Hergestellt in Europa, USA, Kanada, Australien, Japan

Cover: Foto ©Suzi / pixelio.de

Manufactured and distributed by brebook publishing software (www.brebook.com)

C. A. H. Burghardt

Die Gefangenschaft Johann Friedrichs des Großmüthigen

Die Gefangenschaft

Johann Friedrichs des Grossmüthigen

und

das Schloß zur „Fröhlichen Wiederkunft".

Meist nach archivalischen Quellen

von

Dr. C. A. H. Burkhardt,
Großherzoglich und Herzoglich Sächs. Archivar.

Nebst einer Abbildung.

Weimar
Hermann Böhlau
1863.

Sr. Hoheit

dem

Herzog Joseph von Sachsen-Altenburg.

Dem hohen Wiederbegründer und Erhalter

der

„Fröhlichen Wiederkunft".

Inhalt.

	Seite
Vorwort	VII
Einleitung	1
I. Der Krieg und Johann Friedrichs Gefangenschaft	4
II. In die Gefangenschaft	9
III. Die Entschließung zum Bau	17
IV. Der Bau	20
V. Erster Aufenthalt Johann Friedrichs in Augsburg	26
VI. Von Augsburg in die Niederlande. Rückkehr nach Augsburg	33
VII. Der Kaiser	41
VIII. Zweiter Aufenthalt in Augsburg	47
IX. Sybilla	51
X. Innsbruck und Villach	58
XI. Die Rückkehr	66
XII. Verfall und Restauration der fröhlichen Wiederkunft	69

Vorwort.

Die nachstehende kleine Arbeit verdankt ihre Entstehung einer Wanderung durch unser trauliches Thüringen, das nahe dem herrlichen Saalthale, zwischen Roda, Neustadt und Kahla in einem heimlichen Waldesgrund jenes freundliche Schloß birgt, dem eine große Zeit den Namen „Fröhliche Wiederkunft" gab.

Entstanden während der Gefangenschaft Johann Friedrichs des Großmüthigen erhielt es diesen denkwürdigen Namen, als er am 15. September 1552 nach fünf Jahre langem Kampf für seinen protestantischen Glauben hier unter dem freudigen Zuruf des evangelischen Deutschlands seinen festlichen Einzug hielt.

Auch wer die historische Bedeutung dieser Stelle nicht kennt, weilt hier wohl gern. Ist sie ja so traulich, friedlich und still, ruft sie nicht jedem Wanderer ihr „Weile" zu! Um wie viel mehr dem, den amtlicher Beruf in ihre geheimnißvolle Vergangenheit eingeweiht, dem sich hier gewissermaßen verkörpert, was von ihrem Leben in zahlreichen Documenten der Vorzeit niedergelegt ist. Und so weilte ich lang und gern an dieser Stätte; vorüber zogen die Jahrhunderte mit ihrem Leid und ihren Freuden. Da kam mir wohl der Gedanke, auch Andern mitzutheilen, was dieser liebliche Waldgrund erlebt', und in welchem Zusammenhange dies mit einem der größten Momente unserer reformatorischen Bewegung gestanden hat.

Ermuntert zu dieser kleinen Darstellung durch die hochherzigen Bestrebungen Herzog Josephs, durch welche dies historische Denkmal düsterer Vergessenheit und dem Verfalle entrissen, im Geiste der frühern Jahrhunderte einfach und würdevoll hergestellt ist, habe ich es unternommen, der fröhlichen Wiederkunft und der Gefangenschaft Johann Friedrichs zu gedenken, die ja so eng mit der Geschichte dieses Schlosses verknüpft ist.

Mag diese kleine Gabe ein Zeugniß sein, daß ich mit Vielen unsres engern Vaterlandes das Interesse theile, eine große historische Erinnerung wach zu erhalten und zu beleben.

Meine vorzüglichste Quelle war das gemeinschaftliche Haupt-Archiv des Sachsen-Ernestinischen Hauses, mit dem sich meine Auffassung der Verhältnisse Johann Friedrichs, die — ich gestehe es offen — weit von den bisherigen Darstellungen abweicht, rechtfertigen mag. Und so darf ich hoffen, daß diese kleine Arbeit auch ein weiteres Interesse haben wird, indem es mir möglich war, mit neuem Material Neues und Zuverlässiges zu bieten.

Dem Besucher der „Fröhlichen Wiederkunft" aber übergebe ich diese Blätter mit dem Wunsche, daß sie ihn in die Tage ihrer Vergangenheit recht lebendig zurück versetzen mögen. Denn verstanden wird nun einmal die Gegenwart nur durch die Vergangenheit.

Weimar am 3. März 1863.

Dr. Burkhardt.

Einleitung.

Der verhängnißvolle Kampf, den der deutsche Protestantismus mit dem Kaiserthum aufnahm, und in welchem Johann Friedrich der Großmüthige seine Freiheit verlor, fand seinen Ursprung in einer Reihe religiös-politischer Verhältnisse, deren beiderseitige Entwickelung sicher und mit Nothwendigkeit auf diesen Conflict hinarbeitete.

Denn eine Lehre, wie die Luthers, groß und gewaltig, die so tief in das Leben der Nation einschnitt und eine so unermeßliche Veränderung im Reiche der Ideen bewirkte, konnte unmöglich sich entwickeln, ohne die politischen Gewalten für sich zu gewinnen, oder in Widerspruch mit ihnen zu gerathen, wenn das Lutherthum auf seine Anerkennung in den Territorien hinarbeitete.

Da war es nun hochbedeutsam, daß der junge Kaiser der alten Lehre treu blieb.

Und doch war bamit nicht ausgesprochen, daß er sogleich einen Schritt weiter ging, auf die Bekämpfung des protestantischen Elementes hinarbeitete. Im Gegentheil, seine Verhältnisse bedurften zunächst dieser popularen Richtung, er war es, der sich ihr bis zu einem gewissen Punkte näherte, sie brauchte und durch die jeweiligen Zugeständnisse, die er ihr aus politischen Gründen machte, unendlich viel zur Kräftigung und festern Begründung des Protestantismus in den deutschen Territorien beigetragen hat. Aber dann plötzlich innehaltend, ließen sich die Rückwirkungen seiner kaiserlich-päpstlichen Politik spüren, die nicht verläugnete, daß das Kaiserthum doch noch auf hierarchischen Grundsätzen ruhte und weiter baute.

Diesem geheimnißvollen Wirken einer politischen Gewalt gegenüber stand nun eine Zahl deutscher Fürsten, die mit Freuden die neue Lehre förderten und ihr mit unsäglichen Mühen einen heimathlichen Boden in ihren Landen zu schaffen suchten. Es konnte nicht fehlen, daß sie sich gegen die feindliche Gewalt des Kaisers und seiner Anhänger geistlicher wie weltlicher Fürsten verbanden, in ihrem protestantischen Bündniß die neue Lehre zu schützen suchten. Nicht als ob sie damit gewaltsam ihrem Werk eine Verbreitung hätten sichern, das katholische Princip bekämpfen und vernichten wollen; dieser Gedanke lag ihnen fern. Was sie wünschten, war im Grunde nichts anders, als im Frieden des Reichs die Anerkennung ihrer Reformen innerhalb ihrer Territorien zu sichern. Was außerhalb derselben vorging, kümmerte sie zunächst wenig, ihre Ideen bewegten sich in kleinen aber desto bestimmteren Kreisen.

Die Gegensätze waren geschaffen, es handelte sich um ihre Ausgleichung, denn das ist nun einmal der Lauf der Dinge.

Aber wie die Form finden, unter der das Nebeneinanderleben des Alten und Neuen ermöglicht werden, sich beides ungestört weiter entwickeln konnte?

Es war natürlich, ein im Verlauf der kirchlichen Spaltung bereits versuchtes Mittel in Anwendung zu bringen: ein Concil über die beiderseitigen Dogmen entscheiden, durch dasselbe den Frieden der Nation begründen zu lassen.

Aber wie früh immer diese Idee einsetzte und verfolgt war, — sie war schon im Anfang der zwanziger Jahre erfaßt, — zu einem Ziele kam man nicht, je mehr die Kluft zwischen Katholiken und Protestanten sich erweiterte. Je mehr der Kaiser der Protestanten beburfte, desto bedeutsamer war ihre Stellung, sie wurde schließlich fest genug, daß er sich nicht in der Lage befand, die Unterordnung der einen Richtung unter die andere zu gebieten. Und so gingen über zwanzig Jahre dahin, ehe ein vom Papst nach Trient ausgeschriebenes Concil zusammentrat. Daß sich diesem die Protestanten nicht unterordneten, war natürlich; längst waren sie entschlossen, die Sache ihres Glaubens nicht einem vom Papst beeinflußten Concile zu unterstellen. Es wäre unausbleiblich gewesen, daß ihre Lehre verdammt wurde.

Wie nun überhaupt die großen politischen Verhältnisse für die Entwickelung der reformatorischen Ideen alle Zeit maßgebend gewesen sind, so auch hier. Es war eine Zeit eingetreten, in der das Kaiserthum seiner äußern politischen Feinde sich entäußert, zum Theil sie mit Hülfe protestantischer Fürsten überwunden hatte. Mit diesem Zeitpunkte zeigte sich die Politik des Kaisers auf entschiedenem Wege gegen den Protestantismus, den er zwar bisher geduldet, nie aber als zu Recht bestehend anerkannt hatte. War sein Wille, sich als Herr in politischen und religiösen Dingen geltend zu machen, so war es an ihm, die Spaltung der Nation zu beseitigen. Treu dem alten Glauben war er jetzt entschlossen, den Protestantismus zur Anerkennung des päpstlichen Concils zu zwingen, die Einheit in Kirche und Reich herzustellen.

Der Protestantismus hatte seinen Herd gegründet, ob er die innere Kraft hatte, die evangelische Kirche vor dem Einfluß des Papstes und seines Concils zu bewahren, mußten die kommenden Jahre lehren. Er hatte seine Feuerprobe im schmalkaldischen Kriege zu bestehen. Sehen wir, wie dieser Conflict sich entwickelte. —

I.
Der Krieg und Johann Friedrichs Gefangenschaft.¹)

Seit einer Reihe von Jahren waren die protestantischen Fürsten mit dem Kaiser im besten Einvernehmen gewesen. Plötzlich wandte er das Schwert gegen sie.

Vieles traf zusammen, was ihn zu diesem Schritt bewog. Eine Menge politischer Fragen, deren günstige Entwickelung für den Kaiser von der Machtstellung des Protestantismus abhing, waren unerledigt. Ihm mußte daran liegen, diese im Reich mächtig gewordene Partei zu unterdrücken, er hätte sonst auf das Gelingen seiner Pläne verzichten müssen.

Da traf es sich nicht von ungefähr, daß der Papst im Frühjahr 1545 das unterbrochene Concil zu Trient wieder aufnahm. Ein Legat hat wohl den Grund angedeutet: die Widersätzlichkeit der Protestanten an den Tag zu bringen, hat er gesagt, sei die nächste Ursache gewesen. Wie sich erwarten ließ, die Protestanten dachten an die Beschickung des Concils nicht, sie waren weder dazu berufen, noch konnte ihnen viel daran liegen, einer Versammlung anzugehören, vor der ihre Glaubenssätze der sichern Verurtheilung entgegen gingen. Sie wünschten vielmehr ein christlich freies Concil und beharrten bei einer vom Papst unabhängigen nationalen Versammlung, der selbst der Kaiser, frei-

---

¹) In diesem Abschnitte folge ich den Rauleschen Forschungen.

lich in einem für ihn kritischen Momente sich nicht abhold gezeigt hatte. Aber so sorglos betrachteten die Protestanten das Vorgehen des Papstes doch nicht, die Annäherung des Kaisers an ihn erschien ihnen nicht besonders angenehm, schon auch, weil ein wirklich zusammentretendes Concil immer als der Termin für interimistische Zustände in Sachen des Glaubens anzusehen war. Der oft bis zu einem Concil garantirte Frieden des Reichs konnte damit seinen definitiven Abschluß erreicht haben.

Man kann nicht sagen, daß dem Kaiser der Schritt des Papstes mißfiel. In einer Zeit, wo er von äußern Feinden befreit, vom Papst mit namhaften Mitteln zur Bekämpfung des Protestantismus unterstützt werden sollte, war ihm das Concil sogar erwünscht. Er wenigstens verschloß das Ohr Anträgen nicht, die wenn sie auch nicht Alles enthielten, doch immerhin Eigenschaften genug besaßen, daß er seinem Ziele etwas näher kommen konnte.

Lange gingen die Unterhandlungen hin und her; im Anfang des Jahres 1546 war der Tractat bis zur Unterzeichnung fertig. Der Papst stellte dem Kaiser eine namhafte Macht auf 6 Monate und 200,000 Duc. zur Verfügung, womit der Kampf gegen den Protestantismus aufgenommen werden sollte. Unterdeß am 13. December 1545 wurde das Concil in Trient, nicht in Rom, wie der Papst wohl wünschte, mit allen Feierlichkeiten eröffnet. Damit glaubte der Kaiser seinem Versprechen nachgekommen zu sein; es war ein **deutsches** Concil, weil es in Trient, einer deutschen Stadt zusammengetreten war.

Noch einmal ließ der Kaiser die gütlichen Mittel gegen die Protestanten nicht unversucht. Er leitete zur Beilegung der religiösen Spaltung — denn das war das letzte Abkommen in Worms — ein Religionsgespräch ein. Aber schon in der Wahl der Personen kündigte sich an, daß eine tiefe Veränderung eingetreten war. Der ganze Verlauf des Gesprächs, dessen Geheimhaltung verbürgt werden mußte, und die Gegensätze, die hier zu Tage traten, barg eine Reihe von Momenten, die auf keine Versöhnung hoffen ließen.

Vor allem kam für die weitere Entwickelung unendlich viel auf das Verhältniß deutscher Fürsten, und unter ihnen auf die Stellung des Herzog Moritz an, auf den der Kaiser längst sein Auge gerichtet hatte. Dieser mußte gewonnen werden, wenn schon es schwierig erscheinen durfte, einen Fürsten vom Protestantismus hinwegzuziehen, der sonst so fest zur Sache des Evangeliums stand. Auf irgend eine Weise war ihm aber doch beizukommen.

Da wollte das Unglück, daß Moritzens einflußreichster Rath Christoph Carlowitz, der unabläßig auf die Verbindung seines Herren mit dem Kaiser hinarbeitete, gewonnen wurde. Nach langen Unterhandlungen, Schritt für Schritt, näherte sich Moritz dem kaiserlichen Rath. Ohne dies mit seinem Vetter Johann Friedrich über eine Menge territorialer Gerechtsame in Unfrieden, nahm er endlich die Dienste des Kaisers gegen ein Provisionsgeld und den Erbschutz über Magdeburg und Halberstadt an. Vielleicht, daß in der Ferne ihm schon die Churwürde seines Vetters entgegenlachte, kurz er war für die protestantische Sache verloren, seitdem er für seine Person versprach, sich den Beschlüssen des Concils zu unterstellen. Dies und die vom Papst noch weiter erfüllten Bedingungen waren von entschiedenem Einfluß auf den Gang der Dinge. Ich habe darüber gedacht und wieder gedacht, schrieb der Kaiser an die Königin Maria, wohlgesinnte und kundige Leute befragt, ich bin endlich zu dem Entschluß gekommen, den Krieg zu unternehmen.

Das war gegen Ende May 1546.

Lange ahnten die Protestanten nicht, welches Gewitter sich über ihnen zusammenzog. Schon war der Krieg beschlossen, als der Kaiser zum Schein noch auf dem Reichstag von 1546 über einen Zug gegen die Türken und die friedliche Beilegung der religiösen Fragen handelte.

Aber bald durfte kein Zweifel mehr walten, daß die Rüstungen des Kaisers den Protestanten galten. Nun war die Zeit gekommen, wo ihr Bund seine Prüfung zu bestehen hatte.

Rasch entwickelte sich ihre Kampfbereitschaft, lange stand

man dem Kaiser in Oberdeutschland an der Donau gegenüber, ohne daß es zu einem entscheidenden Schlage kam. Da plötzlich fiel Herzog Moritz in die Lande des Churfürsten Johann Friedrich ein, der vom Kriegsschauplatz in seine Lande zurückeilte, um sie dem treulosen Moritz wieder zu entreißen.

In vollem Siegeslauf setzte er sich bald wieder in Besitz derselben, aber eine unglückliche Verbindung mit Böhmen, das ihm Hülfe zugesagt, und wohin er theilweis seine Truppen zur Herstellung der Verbindung gesandt, führte sein Schicksal herbei.

Unweit Mühlberg überraschten ihn der Kaiser und Moritz mit überlegenen Streitkräften. Während Johann Friedrich am rechten Ufer der Elbe hinabzog, um sich auf Wittenberg zurückziehen zu können, erschien der Feind am linken Ufer des Flusses. Durch eine Furth, die ihm gezeigt, setzte die ganze kaiserliche Macht über, während Moritz den eben abziehenden Johann Friedrich erreichte. Auf der Lochauer Haide bei Cosdorf kam es zum Gefecht. Als die Truppen des Churfürsten in der Ferne die kaiserliche Macht heranziehen sahen, zerstreuten sie sich, während Johann Friedrich, nahe dem Erliegen, einem jungen Edelmann Herzog Moritzens, Thilo v. Trotta sich ergab. 24. April 1547.

Unter dem Kampf der zersprengten Truppen war Johann Friedrich dem Kaiser entgegengeführt. Nun sind wir hier, sprach er, nun erbarme dich mein du treuer Gott.

Als er blutenden Antlitzes dem Kaiser sich näherte, wollte er vom Pferde absteigen. Schweigend winkte der Kaiser, dann rief er ihm entgegen: Erkennt Ihr mich nun für einen römischen Kaiser. Ich bin sprach Johann Friedrich auf diesen Tag ein armer Gefangener. Kaiserliche Majestät wolle sich gegen mich als einen gebornen Fürsten gnädig halten. Ich will, versetzte der Kaiser, mich so gegen euch halten, — dem König Ferdinand unterbrechend hinzusetzte: Ihr suchtet mich und meine Kinder von Land und Leuten zu verjagen, Ihr seid ein feiner Mann.

Im Triumph der Sieger wurde Johann Friedrich vor seine Feste Wittenberg gebracht. Dort ist alles Ernstes die Rede davon gewesen, dem „Ketzer" das Leben zu nehmen, wie ihm denn in der That das Todesurtheil schriftlich überreicht wurde. Voll Ruhe, gerade beim Schachspiel, vernahm er diese Kunde. Nachdem er es gelesen, legte er's bei Seite: Vetter, sprach er zum Mitgefangenen Ernst von Braunschweig, gebt Acht auf Euer Spiel, Ihr seid matt.

Zur Vollstreckung des Urtheils kam es nicht. Dem Kaiser galt es den Krieg schnell zu beenden, und Wittenberg war so leicht nicht einzunehmen. Man beschloß deßhalb, dem Gefangenen die Todesstrafe in ewiges Gefängniß zu verwandeln und ihn zur Ueberlieferung seiner Festungen Wittenberg und Gotha zu vermögen.

Dagegen sträubte sich Johann Friedrich nicht, wie es ihn auch nicht berührte, daß er einen Theil seiner Lande mit der Churwürde verlor, die auf Herzog Moritz übergingen, während den Söhnen die Summe von 50,000 fl. von Herzog Moritz garantirt wurde.

Bei weitem wichtiger war für Johann Friedrich und den Kaiser, daß der Gefangene sich den Beschlüssen des Tridentiner Concils nicht unterordnete. Der Bischof von Arras, der mit Johann Friedrich unterhandelte, hat gesagt: er habe noch nie einen Mann so hitzig und eifrig gesehen, als er diese Forderung gestellt.

In Wittenberg, das dem Kaiser seine Thore öffnete, sah Johann Friedrich noch einmal seine Gemahlin, die wie Lucas Cranach vergebens für seine Freiheit flehten.

Nach wenig Tagen brach der Kaiser auf, zunächst nach Halle. Dort sollte sich das gleiche Schicksal auch am andern Haupte des schmalkaldischen Bundes erfüllen. Landgraf Philipp war, nachdem er vor dem Kaiser fußfällig Abbitte geleistet, gegen die Zusage seiner persönlichen Freiheit beraubt; er wie Johann Friedrich folgten seitdem dem kaiserlichen Hofe als Gefangene.

Sehen wir, was Johann Friedrich erlebte, wie er es ertrug, denn nur sein Schicksal ist uns von weiterm Interesse.

II.
In die Gefangenschaft ¹).

Endlich brach der Kaiser von Halle auf. Johann Friedrich, von einer starken Zahl Hakenschützen umgeben, folgte dem Kaiser oder eilte voraus. Denn gleichsam im Sturmschritt zog Carl V. durch Thüringen. Als er am 24. Juni nach Jena kam, rastete er kurz. Noch einmal sah der Churfürst seine treue Gemahlin; dort im Schloß, wer mochte sagen, auf wie lange, nahm er Abschied. Von Furcht gepeinigt, Angriffe aus den nahen Wäldern fürchtend, zog der Kaiser mit Zurücklassung Johann Friedrichs von bannen. Wo irgend, wäre es Johann Friedrich gerade hier möglich gewesen, seinem Lande sich wiederzugeben; er aber folgte den Spaniern still seinem Schicksal ergeben nach. Bis weit hinaus folgten ihm die Bürger Jenas, bei jedem Dorfe war er eingeholt, schweigend in tiefer Trauer sah man seinen Wagen davonrollen.

So bewegte sich der Zug durch das liebliche Saalthal. Von fern glänzten in herrlichem Sonnenstrahl die Zinnen der Leuchtenburg unter der Johann Friedrich zu Kahla nur kurze Zeit sich aufhielt (25. Juni). Was für Erinnerungen mochten gerade hier an seiner Seele vorüberziehen! Drüben jenseits der Berge, wo er in Hummelshain und im nahen Trockenborn die freie Waldesluft athmend dem lustigen Waidwerk so oft nachgegangen war. Welche Wünsche, welche Hoffnungen knüpften sich nicht gerade an diese Stelle.

Ueber Saalfeld, wo er kaum dem Einsturz seiner Wohnung entgangen, und über Coburg, mit sichtlicher Theilnahme aufgenommen, zog er in Bamberg vor dem Kaiser ein. Hier zum ersten Mal schrieb er seiner trauernden Gemahlin ²). Nun fühlt

---

¹) Der folgende Abschnitt nach bisher ungedruckten Quellen des Weimar. Gesammt-Archivs: Repertor. Bb. und L., aber meist nach Rechnungen.
²) 3. Juli 1547.

sich der Kaiser sicher. — Als er an Johann Friedrichs Wohnung vorüberzog, sah er mit lachendem Munde dem sich beugenden Fürsten entgegen.

Johann Friedrich hielt es für ein gutes Zeichen! Frohen Muthes schrieb er: Wie es uns beliebt, mit Bewilligung des Obersten gehen, reiten und fahren wir. Mochte Sybille daraus sehen, daß es mit Nichten so schlimm um seine Zukunft stand.

Ueber Nürnberg, ohne Aufenthalt zog der Kaiser weiter, das war keine Stadt, die seinem Triumphe Beifall zollte. Erst im nahen Schwabach, wo er am 7. Juli eintraf, schlug er sein Feldlager auf, von da zog er nach längerm Aufenthalte über Donauwörth nach Augsburg, um den Reichstag in Person zu eröffnen. Welch günstiges Zeichen, daß auch Johann Friedrich dahin übersiedeln durfte! Am 26. Juli zog er dort ein, während der gefangene Landgraf in Donauwörth zurückbleiben mußte.

Es kam nun alles darauf an, wie die Dinge beim Reichstag liefen. Johann Friedrich war keinen Augenblick in Zweifel, daß er durch die Beschlüsse oder durch Fürsprache anderer Fürsten[1]) seine Freiheit wieder erhalten werde. Die spanischen Großen hatten auf Augsburg vertröstet, er selbst hatte das Benehmen des Kaisers für ein günstiges Anzeichen gehalten; in Bamberg war ihm der lachende Mund ein Beweis des kaiserlich gnädigen Willens gewesen[2]). Und doch mußte er sich sagen, daß die Zeiten vorüber waren, in denen eine geschlossene protestantische Phalanx dem Kaiser gegenüber stand, daß Deutschland im gegenwärtigen Augenblick wieder ein Oberhaupt hatte, vor dem sich Alles beugte[3]).

Aber noch stand eins im Wege, ehe sich der Kaiser am Ziele sehen durfte. Wie viel Hingebung er auch auf jenem

---

[1]) 30. Juli hatte J. Friedr. von Augsburg aus durch Sybille den Herzog von Jülich das Erscheinen ans Herz gelegt.
[2]) Brief an Sybille.
[3]) Seinen Räthen schrieb er, daß es so eben, wie man uns tröstet nicht zugehen werde. Brief vom 25. Juli aus Donauwörth.

Reichstag in weltlichen Dingen erfahren haben mochte, seine Macht fühlte sich beengt und erschüttert, daß sein Wille in der religiösen Frage nicht maßgebend war. Entzweit mit dem eben eng verbündeten Papst über die conciliare Frage, stand ihm hier noch eine Persönlichkeit von Bedeutung gegenüber. Es war Johann Friedrich. Ehe dieser sich nicht gefügt, konnte von der Anerkennung seines kaiserlichen Willens, aber auch von Johann Friedrichs Befreiung keine Rede sein. Den Herzog von Jülich, der für ihn bat, entließ der Kaiser kalt und ohne Zusage.

Noch hatte Johann Friedrich seit den Tagen in Wittenberg die Hauptbedingung für seine Freilassung nicht erfüllt, sich den Beschlüssen des Concils unterzuordnen. Gerade jetzt handelte es sich darum, ihn zur Anerkennung derselben zu bewegen, so sehr auch die Frage bisher in den Hintergrund gedrängt war. Nun tauchte sie wieder auf. Aber in dem Maße, als der Landgraf Zugeständnisse gemacht, zeigte sich Johann Friedrich um so unerschütterlicher, er wollte kein Concil anerkennen, weil es nicht frei und christlich sein könne. Schon hier finden wir den bedeutsamen Unterschied im Bezeigen beider Gefangenen: der Landgraf hatte wohl in Donauwörth behauptet, was er in Sachen der Religion aus Zwang und Drangsal zugesagt, sei er nicht schuldig zu halten. Er hatte dem Bischof von Arras 10,000 fl. geboten, wenn er seine Befreiung erziele. Spottend soll der Bischof von dannen gegangen sein und dies andern erzählt haben[1]).

Wie anders behauptete sich Johann Friedrich! Nur eins befürchtete er, das Schrecklichste, was geschehen könnte, daß man ihm seine Söhne nehmen, am kaiserlichen Hof im päpstlichen Irrthum unterweisen und aufziehen lassen werde. — Müssen wir das zugeben, schrieb er, wird es uns ein ewiges Klagen und unaufhörliches Bekümmerniß sein.

Wohl scheint der Bischof von Arras daran gedacht zu haben, selbst Dr. Brück hielt es nicht für unmöglich, daß man diesen „sichern" Weg einschlagen und seine F. G. mit seinem gan-

---

[1]) Brief v. 25. Juli Reg. M. in Geheimschrift. (Interimsverhandl.)

zen Stamme ausrotten werde[1]). Aber gestützt auf Amsdorfs
Bedenken, daß Johann Friedrich in das Concil nicht willigen könne
vor allem, daß der Papst der rechte Antichrist sei, blieb der Gefangene seinem Vorsatz treu. Noch ließ der Kaiser die gütlichen
Wege nicht unversucht. Am 20. September[2]) sandte er Franziscus
Tolleto an Johann Friedrich ab. Ein vertrauliches Gespräch
leitete beide zur Hauptfrage über. Es müsse meinte der Gesandte doch in dem Zwiespalt der Religion ein Richter sein, den
das Concil bieten könne und dem sich alle unterordnen müßten.
Wie habe sich doch Alles im Hause Sachsen geändert, das gute
Einvernehmen zum Kaiser sei dahin. Einst habe Churfürst Friedrich die kaiserliche Krone von seinem Haupte genommen und
dem nunmehrigen Kaiser aufgesetzt, nun sei auch diese schöne
Erinnerung in den Staub getreten. Johann Friedrich möge bedenken, was zu seiner Erledigung diene, daß nicht einmal der Platz
sein Eigen sei, auf dem er sitze. — Vergebens, Johann Friedrich blieb festen Sinnes.

Bis Ende Oktober wiederholten sich die Versuche Johann
Friedrich zur Unterwerfung zu bestimmen. Wie man auch kaiserlicher Seits Gewicht darauf legte, daß die Zusammensetzung
des Concils im Sinne des Protestantismus geschehen werde,
und wie sehr man auch betonte, daß nicht der Papst, sondern
der Kaiser, der die Reform des Papstthums übrigens für dringend
nöthig erachtete, die höchste Autorität im Concil sein werde, —
Johann Friedrich zeigte sich unerschütterlich fest im Vorsatz einem
solchen Concil würde er weder sich noch einen Unterthanen unterordnen, er wiederholte: daß es weder frei, christlich noch un-
parteiisch sei, und fügte die Bitte hinzu, daß er in seinem er-
bärmlichen Gefängniß im Gewissen für alle Zukunft frei sein
und bleiben möge[3]).

Weiter als je sah sich der Kaiser von seinem Ziele entfernt.

---

[1]) Brief v. 2. Juli aus Jena l. cit.
[2]) Interimsverhandl. Reg. M. und die bei Hortleber gedruckten Actenstücke.
[3]) 31. Oktober.

Seiner Aufforderung, die er den zu Bologna berathenden Prälaten hatte zugehen lassen, sich nach Trient zu begeben, war die Antwort gefolgt, daß es einer weltlichen Macht nicht zustehe, ein Concil zu beherrschen¹). Und nun hatte auch Johann Friedrich gesprochen. Es schien kein Zweifel, daß auch das Concil, wie es der Kaiser zu Trient versammelt wissen wollte, von den Protestanten entschieden zurückgewiesen werden würde.

Wie bedeutsam Johann Friedrichs Bezeigen für die Durchführung des kaiserlichen Willens war, zeigt, daß in jenen Tagen wirklich daran gedacht worden ist, ihn nach Spanien zu schicken, um sein Beispiel in Deutschland unwirksam zu machen. Granvella äußerte, man würde ihn auf ein Schloß bringen, woraus er nicht mehr lebendig kommen solle, man werde ihm Ordnung und Maß geben, was er reden und wie er sich halten solle. Seitdem ließ man keinen Deutschen mehr zu Johann Friedrich, selbst dem Churfürsten von der Pfalz ward das Gesuch abgeschlagen. Auch der Beichtvater des Kaisers war für die Entfernung Johann Friedrichs. So lange er hier ist, meinte er, wird seine Majestät in der Religion nichts mit ihm ausrichten, Jedermann sperrt das Maul auf, und sieht auf ihn, er thut mehr Schaden als Luther und Melanchthon.

In solcher Lage blieb nichts übrig, als daß der Kaiser unabhängig von den Ständen des Reichs, ohne Rücksicht auf den Papst jenen denkwürdigen Weg betrat, auf dem das Interim zu Stande kam; eine Reihe von Bestimmungen für den Glauben, welche bis zur Herstellung und allseitigen Anerkennung des Concils volle Geltung für alle religiöse Parteien haben sollte. Mit ihnen hoffte er die Mittel zu gewinnen, die kirchliche Gewalt zu stützen, als deren Herr er sich betrachtete und das protestantische Deutschland zur Anerkennung des Concils zu bringen und nicht von sich zu stoßen. Denn im Protestantismus lag ein wesentliches Moment für die Entfaltung seiner Macht.

Das Gelingen hing von verschiedenen Umständen ab. Das

---

¹) Ranke V. 12. 3. Ausgabe.

Geringste war, daß sich jene drei Repräsentanten (Agricola, Pflug, Helding) der vornehmsten religiösen Parteien in der Abfassung des Interims einigten. Schwieriger war, wie sich die Stände dem Interim gegenüber stellten, und wie die Durchführung in deutschen Landen ermöglicht werden sollte. Wie immer sich der Entwurf dem protestantischen Sinn nähern mochte, in vielen Beziehungen war er zu katholisch, als daß man protestantischer Seits an die Annahme hätte denken können; denn es war die alte Kirche, was hier aufs Neue proclamirt war[1]). Das Interim, das die Versöhnung der Parteien herbeiführen sollte, übte den furchtbarsten Druck auf alle Schichten der Bevölkerung aus.

Sehen wir, wie sich Johann Friedrich mit seinen Landen dieser neuen Forderung gegenüber stellte, denn nur darauf kommt es uns hier an; sein weiteres Schicksal hing aufs Innigste damit zusammen.

Am 26. April 1548 erschien Dr. Hase bei Johann Friedrich. Im Namen des Kaisers sprach er, komme ich zu e. f. g. damit Ihr euern Söhnen und Landen gebieten mögt, das Interim anzunehmen. Ich bin alt und schwach, erwiederte Johann Friedrich, habe nichts mehr zu bedenken als meine Seele, denn das Gut habe ich verloren und mein Leib steht in des Kaisers Hand; aber wir heißen unsern Söhnen nicht gern, was wir selbst des Gewissens halb nicht thun können.

Seit jenen Tagen war er in strengerer Haft gehalten, und bald nachher sprach Johann Friedrichs Umgebung von der Abreise in die Niederlande; auch Neapel, Spanien selbst Algier nannte man, um die Zukunft anzudeuten, der Johann Friedrich entgegenging (4. Juli).

Nochmals (5. Juli) unternahm man, den Gefangenen für das Interim zu gewinnen. An den Verhandlungen, welche lateinisch und deutsch geführt wurden, betheiligten sich Granvella, der Bischof von Arras, Dr. Selben und Minckwitz.

---

[1]) Wörtlich nach Ranke V. 35.

Ein Diener Johann Friedrichs unterbrach die Unterhandlungen mit Eröffnung des kaiserlichen Befehls, durch den eine Beschränkung in der Verpflegung des Gefangenen angeordnet wurde. Ohne hiervon berührt zu werden, fuhr Johann Friedrich ruhig in seiner Rede fort, in der er Granvella völlig abschläglich beschied. Ein plötzlicher Donner war dem schwer Heimgesuchten ein Zeichen, daß Gottes Regiment noch nicht zu Ende sei. Am Abend ziemlich spät eröffnete der Oberst den kaiserlichen Befehl, daß Joh. Friedrich sich an bestimmten Tagen der Fleischspeisen zu enthalten habe. Werde der Gefangene dem Befehle nicht nachkommen, so sei es des Kaisers Gebot, daß der Tisch sofort aufgehoben werde. Außerdem entfernte der Oberst alle Bücher, schnitt dem Gefangenen jeden Verkehr ab und gebot ihm, sich nunmehr alles Schreibens zu enthalten. Mit dem Zeichen des Kreuzes eröffnete er, daß Johann Friedrich nur noch wenige Monate in Deutschland sich aufhalten, dem Prinzen folgen oder auf ein Schloß ziehen werde, um sein Leben allda zu beschließen.

Indeß hatte sich im Ernestinischen Sachsen eine entschiedene Bewegung gegen das Interim gezeigt. Wenn auch die Räthe einzelner Städte aus Furcht den kaiserlichen Befehlen nachkamen, die oppositionellen Geistlichen vertrieben, so fanden diese doch im Volke selbst die eifrigsten Anhänger und Beschützer. Gerade Thüringen ist an Beispielen der Art nicht arm. Die Stadt Saalfeld wandte sich sogar an Johann Friedrich; sie bat um Instruction, wie man dem Conflict begegnen könne, wenn sie ihren Prediger Aquita zurückberief. Ein Beweis, daß die Bewegung weit um sich gegriffen, auch die Spitzen der Gesellschaft erfaßt hatte. Trotz der Summe, die auf seinem Kopf stand, hatte ihn die Gräfin von Schwarzburg wochenlang auf ihrem Schlosse geborgen und unter vielen andern Beispielen der Unerschrockenheit stand das Amsdorfs oben an, der wie es ihm auch ergehe, wider das Interim schreiben wollte. Nimmt mich die Pest in Magdeburg weg, wohin ich gehe, schrieb er an Johann Friedrich, so dürfen mich die Mönche in Brüssel nicht verbrennen.

Man sieht, mit solchen Gesinnungen kam der Kaiser in Thüringen nicht zum Ziel. Johann Friedrich war nicht zu zwingen, um des hohen Beispiels wegen versuchte er's bei Sybilla und ihren Söhnen.

Am 22. Juli spät Abends klopfte ein kaiserlicher Bote an die Pforten des Weimarischen Schlosses. Er brachte das Interim und forderte Sybille und ihre Söhne auf, innerhalb einundzwanzig Tagen dem Kaiser Erklärung zugehen zu lassen.

Seitdem nahm die Bewegung zu. Die Stände des Landes traten zusammen, um über diese wichtige Frage zu entscheiden. Kein Geistlicher hatte sich ausgeschlossen, mit Namens-Unterschrift hatten sich alle gegen das Interim erklärt.

Am 2. August wurde die Versammlung eröffnet. Nachdem das von den namhaftesten Theologen des Landes gefertigte Gutachten verlesen, folgte Tags darauf die bündige Erklärung der Stände. Nachdem sie vernommen, daß ihre f. g. bei solcher christlichen Religion und Augsburger Confession zu bleiben bedacht, so hätten auch sie sich entschlossen, mit göttlicher Hülfe dabei zu verharren. Zugleich beschloß man eine Vorstellung an den Kaiser. Wäre eine Aenderung seiner Forderung nicht zu erhalten, so müßten sie das Ewige dem Zeitigen, das Große dem Geringen vorsetzen, es dem lieben Gott befehlen, und ihn bitten, daß er sie bis an das Ende beständig in diesem Beschluß erhalten möge.

Am 6. August gab auch Sybille die verlangte Erklärung: Ich habe, schrieb sie, die Lehre, die in meines herzlieben Herren Landen nun viele Jahre her mit wahrem Grund der heiligen Schrift gelehrt und geprediget ist worden, in mein armes schwaches weibliches Herz also gefaßt, daß mich mein eigen Gewissen beschwerlich verdammen würde, so ich in eine andere Lehre verwilligte.

Der Kaiser sah, daß der große Einigungsplan an dieser entscheidenden Stelle scheiterte. Strenge hatte über Johann Friedrich nichts vermocht, es kam auf einen Versuch an, ob die

Härte ihn nicht mürbe machen werde. Er schleppte ihn hinweg mit sich in die Niederlande.

III.
Die Entschließung zum Bau [1]).

Bevor Johann Friedrich nach Augsburg gezogen, war von Weimar aus im kaiserlichen Feldlager bei Schwabach die Nachricht eingegangen, daß die Spanier das alte Jagdhaus in Trockenborn bis auf den Grund niedergebrannt hätten.

Noch zeigt man die Spuren jenes von dem tapfern Wilhelm von Weimar erbauten Hauses.

Wir habens nicht gern gehört, schrieb der Gefangene, aber wir müssen's geschehen lassen. Es war ihm doch wehmüthig, nun auch diese Stelle von der Erde getilgt zu sehen, an die so manche freudige Erinnerung sich anknüpfte.

Wie viel Vertrauen auf eine freudige Zukunft lag doch in diesem Augenblick, daß er sogleich an den Wiederaufbau denken konnte!

Zunächst freilich lag ihm die wirkliche Ausführung nicht besonders nahe, wie man auch den Wiederaufbau von Weimar

---

[1]) Alles nach ungedruckten Quellen des S. Ernst. Gesammt-Archivs. Bei Beginn des Drucks kam mir durch die Güte meines Verlegers die Arbeit von v. Hopffgarten-Heidler zu Gesicht, die indeß von keinem Einfluß sein konnte, da derselbe aus Abschriften schöpfte, welche ich als Vorstand des Archivs Seiner Hoheit dem Herzog Joseph geliefert hatte, ehe ich an die Ausarbeitung des vorliegenden Planes denken konnte. Wie alle derartige Quellenarbeiten im Interesse der vaterl. Geschichte begrüße ich die Arbeit v. Hopffgarten-Heidlers mit Freuden. Sie behandelt nur den Bau des Schloßes, insoweit das abschriftliche Material es zuließ. Indeß hat sich manches Wichtige noch vorgefunden, das der Beachtung werth schien.

aus betrieb. Erst bei seiner Heimkehr dachte er den Plan zu prüfen, vielleicht ihn selbst auszuführen. Er machte wohl selbst einen Entwurf, ließ sich den Anschlag dazu ausarbeiten, aber dann schnell andern Sinnes, befahl er, daß man im Christmonat wenigstens an das Fällen des Bauholzes denken möge.

Erst jetzt nahm die Sache eine entschiedene Wendung.

Der Baumeister Nickel Gromann und der Jägermeister Wolf Golbacker hatten nämlich vom abgebrannten Jagdhaus entfernt einen andern Bauplatz ausfindig gemacht, für welchen sie Johann Friedrich allmählig zu bestimmen gesucht hatten. Es war jene anmuthige Stelle, auf der heute das Schloß steht. Baulustig, wie Gromann war, hatte er einen für den Platz angemessenen Plan entworfen, der freilich über die zunächst liegenden Bedürfnisse hinausging. Ueberdies war der schon auf 2035 fl. veranschlagte Bau zu theuer, auch hatte Johann Friedrich Bedenken genug, darauf einzugehen, da sein Baumeister leider zu oft bewiesen hatte, daß dieser doppelt so viel brauche, als der Anschlag besage. Wohl fiel auch des Fürsten eigne Lage ins Gewicht. Wie die Sachen jetzt mit uns stehen, äußerte er, will es uns ungelegen sein, so große Kosten auf Gebäude zu wenden, denn wir sind bedacht zur Nothdurft und nicht zum Ueberfluß ein Jagdhaus zu bauen.

Indeß prüfte Johann Friedrich den Plan genauer; er ließ sich Details über die Lage der Baustelle, deren Zuständigkeit feststellen, forschte vorzüglich danach, ob auch der Bau die Unterthanen nicht beschwere und genehmigte endlich nach all' diesen Erörterungen, so recht im Geiste des bedächtigen Fürsten, daß der Plan nach dem vorliegenden Riß freilich in sehr beschränktem Maße ausgeführt werde. Dazu bewilligte er 1000 Gulden. Mit dieser Summe sollte das Wohnhaus mit einem Thurm, Küche, Keller und Stallung, Alles jedoch nur im Unterbau hergestellt werden. An die Umfriedigung des Ganzen mit überdeckten Gängen und den 4 Thürmen an den Ecken derselben, dachte er zur Zeit noch nicht. Auch sollten die Gebäude nur mit

Schindeln gedeckt, aber doch für eine Ziegelbachung tüchtig gemacht werden.

Wie viel fehlte von dem, was Gromann beabsichtigt hatte. Es läßt sich nicht läugnen, sein Project hatte viel Anziehendes. Mitten auf grünem Wiesengrund, umgeben von dunkeln Bergwänden, sollte sich das kleine Schloß mit dem lecken Thürmchen lustig emporheben. Dazu die Aussicht in die 4 Gründe, so recht für die Jagdfreuden geschaffen! Um den Bau herum sollte mittelst der vorbeifließenden Roda ein Teich hergestellt, mit Fischen besetzt und das Ganze durch 2 Hauptbrücken mit dem Festlande in Verbindung gebracht werden[1]). Schon in der Zeichnung hatte dieser Gedanke viel für sich, wenn nur die Kosten nicht gewesen wären. Aber endlich fielen doch alle Bedenklichkeiten, eine frische Stimmung Johann Friedrichs, wie wir sie in den Leiden der Gefangenschaft noch kennen lernen werden, verhalf zur wirklichen Ausführung des Projectes.

Am 2. December von Augsburg aus willigte er ein, obwohl er durchblicken ließ, daß er von Gewissensbissen nicht ganz frei, die Kosten für seine gegenwärtige Lage und den Bau eines Jagdhauses selbst für viel zu groß hielt. Er forderte daher seine Söhne auf, den Baumeister contractlich zu verpflichten, daß für die Anschlagssumme der Bau auch wirklich ausgeführt werde. Man muß Unkosten so viel als möglich meiden, sich nach der Decke strecken, das war eines jener auch hier wiederholten väterlichen Worte.

Schon am 1. September 1548 sollte das Schloß bis auf die innere Einrichtung fertig sein.

---

[1]) Vgl. die Ansicht des Titelblattes nach dem Original im S. Ernst. Ges. Archiv, ausgeführt von Emil Härtel in Weimar. — Dieselbe Zeichnung kam durch meine Vermittelung in Copia aber in Originalgröße auf die fröhliche Wiederkunft.

IV.
Der Bau.

So war man endlich doch über das schlüssig geworden, worüber so lange geplant war. Und nun entstand jenes Schloß, von dem Johann Friedrich am wenigsten geahnt haben mochte, daß es dereinst eine historisch bedeutsame Stelle werden würde.

Gleich mit Beginn des Januar zog in das kleine Wolfersdorf ein reges Leben ein. Schon führte man das Holz zur Baustatt. Kaum daß es der krächzende Rabe im Walde verlassen hatte, war es schon zugehauen, um nach wenigen Monaten verwendet zu werden. Maurer und Zimmerleute, alle aus nahen Ortschaften geworben, wanderten dem Bauplatz zu. Gromann selbst schlug seine Wohnung im Dorfe auf, um Alles besser überwachen zu können; er wollte sich durch seine Bauten, das war seine Meinung, einen Namen machen.

Freilich stellten sich bald ungeahnte Schwierigkeiten dem Unternehmen entgegen. Die Gewerbe hielten ihre Gedinge nicht, Baumfäller und Fuhrleute stellten gleichfalls die Arbeit ein, um bessere Arbeitslöhne oder Zuschuß an Naturalien zu erhalten, während die zufällige Gefangensetzung des benachbarten Schneidemüllers das Fortschreiten des Baues in empfindlicher Weise hinderte und zu mancherlei Klagen und Erörterungen Anlaß gab. Besonders nachtheilig zeigte sich die weite Entfernung der Baustelle von Kahla und Roda, woher Kalk und Ziegelsteine und viele andere kleine Bedürfnisse kamen, an die weder der Bauherr noch der Meister gedacht haben mochten. Wie man von dem Nöthigsten entblößt, beweist die einfache Thatsache, daß selbst das Stroh zur Dachung einer Niederlage von der Leuchtenburg beschafft werden mußte, denn weder Trockenborn noch Wolfersdorf, damals Dörfer mit wenigen Häusern, konnten die Bedürfnisse bestreiten.

Unter solch schwierigen Verhältnissen ward am 12. März 1548 der Grundstein zum Schlosse gelegt. Die Sache mochte doch ihre Bedenklichkeiten haben, daß Gromann durch fürstliche Räthe den Grund besichtigen ließ. Erst jetzt mochte es ihm über dem kühnen Gedanken heiß geworden sein, ein Schloß so zu sagen mitten im Teich aufzubauen[1]).

Bei andauernden Hindernissen[2]) schritt der Bau langsam vor. Gegen Mitte April erhob sich der Grundbau über die Erde, während man bereits an die Anlage eines Gartens[3]) dachte, auch den Teich[4]) und Brunnen[5]) in Angriff nahm. Der erste September kam heran, ohne daß das Schloß wie versprochen fertig war. Nach mancherlei angestellten Besichtigungen, begaben sich Anfang October 1548 der fürstliche Secretär Hans

---

[1]) Die jungen Herrn ordneten am 12. März die Bauverständigen Zindeisen von Gotha und den Maurer Bland ab, wobei auch Wolf Golbacker war.

[2]) Bald fehlten Bausteine, bald Geld, das der Baumeister wegen herrschender Unsicherheit durch einzelne Boten kommen zu lassen sich nicht getraute. Bald fehlte es an Hafer für die Baugeschirre, auf die bis Mitte April schon 821 Scheffel gewendet waren. Im May waren 130 Baugeschirre beschäftigt.

[3]) Die Anlage eines Gartens auf dem östlichen Theil der Wiese empfahl sich nicht, weil die Nähe des Waldes die gewünschte Sicherheit nicht bot. Man fürchtete im Garten nicht sicher zu sein. Ueberdies war diese Stelle sumpfig. Mit Zustimmung Johann Friedrichs wurde der Garten auf der nördlichen Seite des Schlosses angelegt und sollte durch eine Brücke vom Gange aus mit dem Schloß in Verbindung gebracht werden. Am 30. März ordnete Johann Friedrich von Augsburg aus an, daß der Garten mit guten Weinsorten bepflanzt und mit „lustigen Gängen" geziert werden sollte. Für den Bau eines Gartenhauses, wie Bernhard v. Mila vorgeschlagen, war er nicht gestimmt, das wollte er sich bis zu seiner Heimkunft aufsparen.

[4]) Der Teich wurde von Hans (Polack) gegraben. Dieser verunreinigte sich jedoch bald mit Gromann und forderte Anfang Juni seine Entlassung. Im Juli entließ er seine Arbeiter, da er behauptete, den Teich nach der Abrede hergestellt zu haben.

[5]) Wegen Fassung und Leitung des Brunnens für den Hof des Schlosses gerieth man mit den Herrn v. Eichicht in Streit, welche die gelegten Röhren herauswarfen und selbst nach gütlichen Verhandlungen, die Gromann in Verbindung mit Hans v. Rußwurm angebahnt, sich dem Unternehmen schroff entgegenstellten, weil die Quelle auf ihrem Grund und Boden sich befand und durch einen Theil ihrer Güter geleitet werden mußte.

Rudolph, der Jägermeister Wolf Golbacker und Heinrich Mönch auf Befehl des gefangenen Herrn nach Wolfersdorf, wo sie nach ihrem Bericht vom 10. October einen „schönen lustigen Bau, mit Thürmlein geziert, Küche und Stallungen nebst Wohnhaus bereits unter Dach fanden."

Was Johann Friedrich längst befürchtet war hier eingetreten: Die Baukasse war vollständig erschöpft, ohne daß die Wendeltreppe des Thurms, noch ein Gemach fertig geworden war. Der Baumeister ließ es an Betheurungen nicht fehlen, auch nicht einen Heller in seinen Nutzen sondern Alles auf den Bau verwandt zu haben.[1]) Und allerdings, wie es erschien, hatte Gromann weit über das Abkommen den Bau tüchtig zu machen gesucht. Die Wände der Thürmchen hatte er mit Stein ausmauern, das Wohnhaus selbst wenigstens im untersten Stock mit Stein und Flechtwerk ausfüllen lassen, um Alles vor dem Auswaschen des Regens besto sicherer zu stellen.

Der Teich 5 Ellen tief mit seinem neuen Damm war ganz fertig; auch die hintere Brücke nach der Elisabeth=Haide war in Stand gesetzt, es mangelte nur noch an der Einfahrtbrücke. Das Große ist vollbracht, schrieb Hans Rudolf, das Haus ist in sein Geviert gebracht, es würde Schade und spöttlich sein, wenn es E. f. g. an 600 fl. erwinden lassen wollten[2]).

Noch ließ sich nicht absehen, was der gefangene Herr entscheiden würde. Von Augsburg aus hatte er dem Kaiser nach Lüttich folgen müssen, am 16. September war er über Löwen in Brüssel eingetroffen.

Es ließ sich nicht vermuthen, daß er freudig zustimmen werde. Bis die Entscheidung kam, bewilligten die Söhne nur

---

[1]) Er wies nach, was nicht veranschlagt und doch hergestellt war. Dahin gehörte: Aenderung des Teichdammes, das Ausarbeiten der eichenen Säulen, Vergitterung des Wohnhauses im untern Stock, Herstellung eines 400 Ellen langen Mühlgrabens, Thurmknöpfe, Ausmauerung der Wände und Herstellung eines Kellers im Wohnhause 2c.

[2]) Im Innern fehlten sämmtliche Scheibewände, Feuermauern und Ofen. Natürlich daß an die sonstigen Einrichtungen, auch an die Pflasterung des Hofes noch nicht zu denken war. Dies Alles war auf 600 fl. veranschlagt.

die geringe Summe von 40 fl., um die Dachung des Hauses vollenden zu lassen.

Nun ruhte der Bau; in Wolfersdorf war es plötzlich still geworden.

Die fürstlichen Söhne hatten in der That nichts versäumt, dem Vater die Lage der Dinge klar zu machen. Besondern Nachdruck hatten sie darauf gelegt, daß der Baumeister das Möglichste geleistet, aber mancherlei Mißverständnisse, die hier untergelaufen, trugen die Schuld, daß Johann Friedrich's Unzufriedenheit in vollem Maße sich herausstellte. Mochten die Söhne zusehen, wie sie den Bau beendigten; er bewilligte zunächst nicht mehr als 400 fl. Es folgten neue Vorstellungen; in ehrfurchtsvoll kindlicher Weise deutete man an, daß der Vater in Irrthümern befangen, legte ihm wohl ans Herz, daß Gromann mit seinen Kindern zum Bettler werden müsse, wenn er den Bau mit dieser Summe vollenden solle. Wahrlich, Vater, schrieb Johann Friedrich d. M., das Geld wird Euch nicht gereuen, das Haus wird Euch bei Eurer Ankunft, die Gott mit Freuden fördern wolle, wohl gefallen[1]).

Allein Johann Friedrich ließ sich nicht sogleich bestimmen. Wie die Dinge liegen, schrieb er, ist es unsre Meinung nicht gewesen, soviel Geld zu verbauen, wir haben ein Jagdhaus, aber kein Fürsten- oder Lusthaus dahin machen zu lassen befohlen oder bewilligt, und hätten wir gewußt, daß so viel Kosten darauf gehen, wäre es besser gewesen, daß es unterblieben. Wir wissen's wol, fügte er hinzu, daß die Häuser schöner werden, je mehr Geld man verbaut!

Aber am Ende bewilligte er doch die noch nöthige Summe[2]). Die Söhne mochten den richtigen Ausdruck gefunden haben, daß es „schimpflich" den Bau halb vollendet zu verlassen.

---

[1]) Schreiben v. 17. Dec. 1548
[2]) 2. Jan. 1549.

Ziemlich langsam schritt im Laufe des Jahres 1549[1]) der innere Ausbau vor. Auch im Aeußern war das Schloß noch unvollendet, während Johann Friedrich bereits im Anfang des Jahres darauf bedacht gewesen war, die Zimmer mit den Bildern seines treuen Lucas Cranach auszuschmücken. Dabei bestimmte er unter andern die von Lucas Cranach gemalte Hasenjagd[2]), nebst drei andern gemalten Tüchern, deren Gegenstände sich leider nicht ermitteln lassen. Im Jahr 1551 fügte er noch einige hinzu, die Cranach erst in Augsburg gemalt[3]) und welche, falls sie überhaupt ihrer Größe wegen sich für das Jagdschloß eignen würden, in dem Erker angeschlagen werden sollten. Fest steht nur das eine, daß die von Augsburg aus nach Weimar gesandten „sieben Tugenden" von seiner Gemahlin für die fröhliche Wiederkunft bestimmt wurden. Im Uebrigen scheint die ganze Einrichtung sehr einfach gewesen zu sein. — Nur einzelne Zimmer waren getäfelt, der bei weitem größere Theil mit weißem Anstrich versehen, der Boden mit Estrich ausgegossen, und ebenso einfach war die innere Ausstattung; einfache Tische, Betten und hölzerne Lehnbänke war Alles, was jener Zeit angeschafft wurde. Vergebens suchen wir Gegenstände, welche auf eine wenn auch nicht elegante so doch möglichst große Bequemlichkeit bietende Einrichtung schließen lassen. Nur eins ist denkwürdig, daß J. Friedrich selbst Erinnerungen an seine Gefangenschaft in das stille Jagdschloß übersiedeln ließ. Für seine Stube und Kammer ließ er Tische, Bänke und Sessel anfertigen, wie

---

[1]) Von dem bewilligten Nachschuß waren im Laufe des Jahres schon 454 fl. 6 gr. verausgabt.

[2]) Schuchardt Leben Lucas Cranachs führt noch 3 gemalte Tücher aus jener Zeit an. Ob diese aber unter jenen 3 verstanden werden können, ist ungewiß. Wahrscheinlich ist es nicht, es waren biblische Gegenstände, die Johann Friedrich gewiß für ein Jagdschloß nicht bestimmte.

[3]) Schuchardt, L. c. pag. 205. Jedenfalls gehört dahin: Johann Friedrich als Schachspieler mit dem spanischen Hauptmann; das Bild war soweit es sich nach Inventarien verfolgen läßt noch 1574 vorhanden. Vielleicht auch das Bild vom Brande zu Mecheln.

sie in dem Zimmer, wo er als Gefangener zu Brüssel sich aufhielt vorhanden waren[1]).

Gegen Ende des Jahres 1549 war der Bau seiner Vollendung nahe; leider ergab der Rechenschaftsbericht, daß die Baukasse nochmals vollständig erschöpft sei. Johann Friedrich fügte sich auch diesmal: „Weil es nun so weit gebracht, so mag es vollends fertig werden, mag Gott, fügte er hinzu, seine Gnade verleihen, daß wir doch endlich unser Gemach und ruhig Wesen darin haben." Am 22. März 1550 befahl er, daß die weitern Kosten für die innere Einrichtung bewilligt und eines seiner Zimmer im untersten Stock, der zweite Stock gemeinschaftlich für sich und seine Gemahlin hergerichtet werden solle, und ordnete zugleich an, daß im Laufe des Sommers der übrige Theil des Schlosses vollständig hergestellt werde[2]).

Dem scheint man auch wirklich nachgekommen zu sein, wenigstens hätte Johann Friedrich am Ende des Jahres sicherlich nicht eine Erweiterung des Baues gewünscht, wenn das ursprüngliche Project nicht bereits vollständig ausgeführt gewesen wäre.

Am Weihnachtsabend 1550 gab er nämlich von Augsburg aus den Entschluß zu erkennen, eine Capelle mit daran stoßender Wohnung für einen Caplan erbauen zu lassen. Dies war ursprünglich der Gedanke seiner Gemahlin, welche das Haus nach seiner Vollendung besichtigt und bereits vor der Rückkehr Johann Friedrichs zu wiederholten Malen besucht hatte.

---

[1]) Nach einer Instruction welche J. Rudolph am 21. Nov. 1549 zu Brüssel erhielt. Die Bänke hatten demzufolge Kästen, der Sessel war von Eichenholz und war zum Ausziehen eingerichtet.

[2]) Für die Schwierigkeiten, mit welchen man zu kämpfen hatte, ist es charakteristisch, daß sogar die Betten von der Leuchtenburg für die Handwerksleute nach Wolfersdorf geschafft werden mußten. Ein Wirthshaus gab es nicht, überhaupt muß das Dorf damals ganz unbedeutend gewesen sein, daß nicht einmal die wenigen Handwerksmeister unterkommen konnten. Die Lebensmittel waren theuer. — Wie hoch der letzte Zuschuß zum Bau war, hat sich nicht ermitteln lassen.

Das Project kam leider nicht zu Stande¹), woran wahrscheinlich die politischen Verwickelungen Schuld waren.

Damit hatte die Gründung ihren völligen Abschluß erreicht, das Schloß stand fertig da, nur Johann Friedrichen, dessen Gedanken oft an dieser heimathlichen Stelle weilten, war es noch nicht vergönnt, hier einzuziehen. Noch Jahre lang trug er gefaßt die Fesseln der Gefangenschaft. Verfolgen wir sein Schicksal weiter, denn die religiösen Kämpfe seiner Gefangenschaft sind nicht das Alleinige, das sich der Beachtung werth zeigt.

V.
Erster Aufenthalt Johann Friedrichs in Augsburg²).

Keines Fürsten Schicksal hat in der Literatur so viel Beachtung gefunden, als das Johann Friedrichs. Nur daß man es nicht allseitig genug betrachtet, nicht viel mehr als seinen religiösen Kampf geschildert hat. Wie er im Uebrigen gelebt, in andern nicht minder schwierigen Verhältnissen sich gezeigt, bedarf noch einer eingehendern Würdigung.

Es war am 26. Juli 1547, als er unter sichtbarer Theilnahme der Bevölkerung in Augsburg einzog. Dort schlug er im alt befreundeten Welserschen Hause sein Hoflager auf. Obwohl nie in der Lage, die Dauer seines Aufenthalts bemessen zu können, richtete er sich für längere Zeit wohnlicher ein. Der bevorstehende Reichstag, der hierher berufen war ließ hoffen, daß der Kaiser verweilen werde.

So entstand jene kleine Hofhaltung Johann Friedrichs, wie

---

¹) Er wollte die Capelle zwischen das Thor, welches nach der Elisabethen Haide geht und dem Thurm, worin die Badestube war, angelegt wissen.

²) Für diesen Abschnitt sind die Küche- und Keller-, Spiel- und Reiserechnungen des G. Ernest. Gesammt-Archivs meine vorzüglichste Quelle. Natürlich wurden auch die Correspondenzen aus Rep. L. benutzt.

wir sie so oft bei deutschen Fürsten auf Reichstagen wieder finden. Sein reiches Gefolge, das aus mehr als 20 Personen und in fast gleicher Anzahl Pferden bestand, ließ auf entsprechende Einrichtungen schließen. Wo sie nicht genügten, finden wir wohl, daß Johann Friedrich bauliche Veränderungen vornahm. Nichts deutete hin auf jene ängstliche Bewachung eines hier geborgnen Fürsten, wenn nicht die spanische Leibwache neben dem Wohnzimmer Johann Friedrichs ihr Lager aufgeschlagen hätte.

Zum ersten Male hier seit dem unglücklichen Tage bei Mühlberg fand Johann Friedrich Ruhe, der Regierung seiner Lande die ungetheilteste Aufmerksamkeit zuzuwenden. Wie er überhaupt der Mann der Ordnung, die Summe der Geschäfte in der Regelmäßigkeit derselben erblickte, so auch hier, wenn schon unter erschwerenden trüben Umständen.

Eine rege Thätigkeit setzte besonders seine finanzielle Lage voraus. Wenn man erwägt, daß wie es hier zum Vorschein kam, er zum Theil mit eignen Mitteln jenen Krieg bestritten, der ihm nahe an eine halbe Million gekostet, seine Lande verarmt, ihre Hülfsquellen sich verringert, so mag schon das ein Zeugniß sein, daß der religiöse Kampf nicht das Alleinige und Vorzügliche war, was ihn ausschließlich beschäftigen konnte. Es ist in den ersten Tagen seines Augsburger Aufenthaltes ernstlich die Rede davon gewesen, die Gläubiger mit geringern Summen abzufinden, er hat in seiner Ehrlichkeit mit Entrüstung den Vorschlag zurückgewiesen; Treue und Glauben aufrecht zu erhalten, als die äußerste Nothwendigkeit bezeichnet. Und in diesem Sinne entwickelte er die erfreulichste Thätigkeit, die er mit Gebet begann, mit ihm sie beschloß.

Wie er auf mögliche Ersparnisse in seiner Hofhaltung zu Weimar hinarbeitete, einen großen Theil seiner Diener entließ, selbst die Fastnachtsfreuden abschaffte, und alles an strenge Ordnung kettete, so war er auch bemüht, die im Krieg versiegten Hülfsquellen in vollen Fluß zu bringen. Er unterstützte die durch Krieg verdorbenen Unterthanen, förderte den Aufbau ihrer Wohnungen, belebte die Fluren der veröbeten Thäler und hob Bergbau, Handel und Gewerbe, indem er den Produkten seines

Landes Vertriebswege durch die Handelsverbindung mit Augsburg eröffnete. Beispielsweise nennen wir das gewerbreiche Neustadt a/O., dessen Tuchwaaren seit jener Zeit in bedeutenden Massen über Augsburg in den großen Verkehr übergingen.

Und diese Geschäfte betrieb er nicht etwa im großen Stil, er nahm Theil an den Arbeiten seiner Canzlei, dictirte oder entwarf die Concepte; man kann sagen, keine Frage ward entschieden, in der er seinen Willen nicht kundgegeben. — Es würde eine der dankenswerthesten Aufgaben sein, seine alles umfassende, durchdringende Regierungsthätigkeit zu schildern, wie sie in jener reichen Correspondenz aus den Tagen seiner Gefangenschaft uns noch vorliegt.

Und in all dem geht seine Thätigkeit nicht auf. Nie hat er unter der Vielseitigkeit der Geschäfte den Trostbrief für die trauernde Gemahlin vergessen. Nirgends klagend, mit immer heiterm Blick in die Zukunft, aber auch nie Hoffnungen erregend, wo sie nicht vorhanden sind, ist dieser Briefwechsel einer der anziehensten, der aus jener Zeit auf uns gekommen ist. Durch und durch wahr, wie er ist, hält er ihr keine Trauerbotschaft vor. Wo er sich für berechtigt hält, seine Befreiung erwarten zu dürfen, berichtet er mit Freuden, ohne den Zusatz zu vergessen: daß man auf menschliche Hülfe den Trost nicht setzen soll. — „Von deinem Bruder hab ich mit kaiserlicher Erlaubniß Abschied genommen, er ist ohne Trost geschieden, den ich Euch nicht geben kann." Und dabei findet er Zeit genug in langen Briefen von seinen täglichen Erlebnissen zu erzählen. Er beschreibt ihr die Einzüge des Kaisers, Huldigungsacte und Turniere, er schildert ihr die Pracht des Reichstags, berichtet von seinem Thun und Treiben, von seinen Spaniern, wie sie sich abhängend von höherm Einfluß bald freundlich und mürrisch zeigen. Fast kein Brief ist ohne ein Geschenk. Aber auch hier zeugt es für die Einfachheit seines Lebens; immer sind es kleine Ergötzlichkeiten, wie er die Dinge zu nennen pflegt, meist Producte des fremden Landes, Aepfel, Pomeranzen, Handschuh und Spitzen, dann auch Bedürfnisse, die aus den fürstlichen Kreisen unseres Jahrhunderts verschwunden sind, vor allem den Spinnrocken, den

Bratenwender, ohne daß er das Trost- und Gebetbüchlein vergessen hätte. Und in eben dem lieblichen Verhältniß steht er zu den drei Söhnen. Mit jedem wechselt er Briefe, die gleich reich an Zügen väterlicher Sorgfalt, beides, Liebe und Strenge, in bester Form vereinen. Wie er eingeht auf die Freuden des zwölfjährigen Kleinen, der sich an seinem Pferdchen ergötzt, wie er ihn durch kleine Geschenke zu ermuntern sucht, seine lateinischen Briefe, obwohl selbst kein fester Lateiner, in gleicher Sprache beantwortet, so mahnt er die andern zu regem Eifer, Gottvertrauen und wahrer Frömmigkeit. Jedem weißt er seinen Geschäftskreis zu, allen gemeinsam ist die Pflicht, die verlassene, in den Tod betrübte Mutter zu trösten.

Aber über all den ernsten und trüben Stimmungen verleugnet er die Heiterkeit seines Herzens nicht.

Wenn die Geschäfte des Tages hinter ihm liegen, empfängt er seine Freunde. Die Fürsten des Reichstags kehren bei ihm ein, mit ihnen scherzt er bei Bier und Wein; fast täglich kehrt die alte Leidenschaft zum Spiel zurück. In Schach, Landsknecht, Primiren, Kegelspiel und Armbrustschießen versucht er sein Glück, das nie ihm hold sich zeigt. Es giebt kein Jahr, in dem er nicht mit namhaften Verlusten abgeschlossen hätte[1]). Besonders sind es Herzog Ernst und Albrecht von Bayern, sein spanischer Hauptmann des Taffere, Ulrich Welser und viele andere, meist aus dem Kreise seines Gefolges, die ihm wacker zu-

---

[1]) Er verspielte 1538—39: 5788 fl.; 1539—40: 5016 fl.; 1541—42: 2378 fl; 1548—49: 6156 fl.; 1549—50; 3038 fl. Im ersten Vierteljahr 1550: 1251 fl.; im zweiten Vierteljahr: 1285 fl.; 1551: 1763 fl. damalige Währung. Selbstverständlich führen wir diese auf archivalischen Forschungen beruhende Thatsachen nicht an, um dem Gefangenen einen Vorwurf zu machen. Wer das Leben der Fürsten im Zeitalter der Reformation nur einigermaßen kennt, wird wissen, daß Spiel zum Leben gehörte. Warum sollte Johann Friedrich dem Zuge seiner Zeit nicht gefolgt sein? Schon höre ich die Anklagen derer, die alles, was nach ihrer Meinung dem Märtyrerthum Johann Friedrichs Eintrag thut, getilget sehen möchten. Aber diese Dinge wollen nicht vom Standpunkt unseres Jahrhunderts betrachtet, noch vielweniger geflissentlich gegen das Interesse historischer Wahrheit verschwiegen sein!

setzen. So gehen Sparsamkeit und Verschwendung Hand in Hand! In schönen Sommertagen ergeht er sich in Welsers Garten, dort steht die Hütte, aus der er nach Scheibe und Vogel schießt, oder mit Blei oder Wurfgeschossen sein Ziel zu erreichen sucht. Als Mann der Ordnung läßt er Gewinn und Verlust genau buchen, jahrelang kann man verfolgen, mit wem er gespielt, was er verloren und wie viel er gewonnen. Obwohl gewöhnt, den momentanen Gewinn abzuliefern, kommt es doch auch vor, daß sein Rechnungsführer die Bemerkung macht, den Gewinn hat s. G. in seinen Beutel gesteckt.

Und zu all dem wird er von Nah und Fern heimgesucht. Der Schützenhof und die Zunft der Brauer ziehen vor ihm auf. Tänzer und Fechter, Pfeifer und Lautenschläger, Hofnarren und Sänger produciren ihre Künste, die er mit Wohlgefallen ansieht, oder ungehört jedem eine Gabe spendet. Im spanischen Waffentanz schlägt er scherzweise selbst wohl einmal drein. Verwundete und Bettler ziehen bei ihm ein, Geschenke bringende bis herab zum Spanier, der Zahnstocher oder zur Wäscherin von Speyer, die Nägelbüschlein spendet, Leute mit den verschiedensten Gesuchen, Alles sucht ihn, den Fürsten, um den die Welt sich zu bewegen scheint. Nicht als ob es sich hier eine Spende zu erlangen, gehandelt hätte; bei weitem nicht. Beweise an Beweise innigster Theilnahme und Anhänglichkeit aus allen Gegenden des protestantischen Deutschland reihen sich an einander an, selbst Kampfgenossen aus der Schlacht bei Mühlberg nahen sich ihm; wie oft haben gerade sie nicht die herrlichsten Beweise treuen Sinnes für den alten Herrn dargebracht.

In ruhigern Stunden finden wir, wie er die Bibel eifrig liest, in ihr Trost und Beruhigung findet. Man erzählt ihm nach, daß er ruhig zu ihr zurückgekehrt, als er das Getümmel und die Freudenbezeigungen über Moritzens Belehnung von der Straße her vernommen[1]: „Wie sich Herzogs Moritzens Gesinde

---

[1] Burkhardt, Johann Friedrich der Großmüth. p. 34. in vielen Dingen recht gut unterrichtet.

freut, über die mir abgenommene Würde. Der Allmächtige gebe, daß sie derselben hinfort so ruhig genießen, daß sie meine und der Meinigen nicht mehr bedürfen." Dann vorzüglich historischen Betrachtungen ergeben, liest er seine Chroniken, deren er viele ankauft. Dabei verkehrt er mit Gelehrten und Künstlern; wie oft hat er sich nicht schon in Augsburg abconterfeien lassen, um zu unterstützen oder Geschenke damit zu machen. Sein Bild ist in massenhaften Exemplaren von Augsburg aus in die Welt gegangen. Unter den Augsburgern verkehrt er namentlich mit Dr. Achilles, seinem Leibarzt, den Fuggers, seinen Geschäftsfreunden in pecuniärer Beziehung, dem Langemantel, Ulrich Welser, seinem liebreichen Hauswirth, an dessen Tafel wir ihn so oft finden, endlich mit dem kaiserlichen Feind, dem Bürgermeister Herbrot, jenem Manne, der wesentliches Verdienst um Johann Friedrich und seine Lande gehabt hat, — alle bringen Abwechselung, haben Theil an Leid und Freud, so weit sie können oder dürfen.

Zu Zeiten kommt dann die alte Baulust. Wir erfahren aus den Rechnungen, wie er Schornsteine und Wände stürzt, Thüren brechen und Oefen setzen läßt. Alles giebt er an, er wacht mit größter Strenge über der richtigen Ausführung. Besonders ist er Freund von gefälligen und bequemen Möbeln. Zu seinen runden Tischen haben ihm nie runde Bänke gefehlt. Dabei geht er zurück auf die kleinsten Dinge seiner Hofhaltung, gerade in Kleinigkeiten ist er sparsam bis zur Genauigkeit. Beispielsweise findet er seine Spanier mit Geld für die Heizung ab, zweifelsohne, weil sie zu viel verbrauchen oder verschleppen. Er hat nachgerechnet, daß 132 Klafter für den Zeitraum von einem Vierteljahr für eine so kleine Hofhaltung doch zu viel ist. Was die Genauigkeit anlangt, werden seine Ausgabebücher unsern heutigen fürstlichen Rechnungen nicht viel nachgeben. — Es wird revidirt und controlirt, die bedeutenden Ausgaben mindert er durch anderweitige Einrichtungen seines Hofes. Schon im 2. Vierteljahr läßt er seinen Schneider aus Weimar kommen, der für ihn und seine zahlreichen Diener, wie es ja nun einmal Sitte jener Zeit, alles anfertigt und in gehörigem Stand erhält.

Und so sparsam ist er auch in den übrigen Beziehungen; nur daß er nicht nach einem Etat wirthschaftet, was er so wenig wie andere Fürsten seiner Zeit gekonnt oder nöthig gehabt haben. Aber es ist immerhin ein großes Zeichen seiner Umsicht, wie er doch in vieler Beziehung mit wirthschaftlichem Sinn begabt, seine Bedürfnisse in großen Quantitäten den billigsten Bezugsquellen entnimmt, auch aus untergeordneten Werthen, aus alten Dingen neuen Nutzen zieht.

Wie oft haben die Söhne aus Weimar ihrem „herzallerliebsten Vater" rührende Briefe geschrieben, ihm gedankt für das neue Baretlein und den prächtigen Wamms, und in der That sind es alte Kleider aus seiner Garderobe gewesen, die der alte Schneider Lucas nur von Neuem aufgeputzt hat. — Und wer mag zählen, wie viele Bierfuhren von Donauwörth und Schwabach von seinen müßigliegenden Leuten um billiges herbeigeschafft, wie viel Fuhren Bau= und Brennholz von den Ufern des Lech herbeigeholt worden sind, wie der Wein in großen Quantitäten gekauft und selbst die Gelegenheiten von Weimar zum Transport billiger Bedürfnisse für Küche und Keller benutzt worden sind.

Bei all dem ist es doch staunenswerth, welche Bedürfnisse Johann Friedrich in den Tagen seiner Gefangenschaft gehabt hat. Seine Rechnungen weisen nach, daß er z. B. im 2. Jahre seiner Gefangenschaft 27170 fl. verbraucht, eine Summe, die nahe an 150000 Thlr. des heutigen Geldwerthes gleichkommen dürfte[1]).

---

[1]) Vergl. für die Reducirung des Geldwerthes Dr. Kius Abhandlung: Preis- und Lohnverhältnisse des 16. Jahrh. in Thüringen in den Jahrb. für Nationalöconomie und Stat. von Hildebrand I.

Beispielsweise noch folgende Notizen: Auf Küche und Keller gingen incl. kleiner Extra-Ausgaben auf:

vom Freitag nach Pfingsten bis Sonnabend nach Assumptionis 3054 fl.
vom Sonntag nach Bernhardi bis Thomas 8553 fl.
In Augsburg betrug die Gesammtausgabe von
Weihnachten bis Sonnabend nach Ostern 6584 fl. 7 kr.
von da „ Sonntag nach Laur. 6962 fl.

Allerdings Angesichts der Lage seiner Lande eine Hofhaltung des Tadels werth, wenn die besonders erschwerenden Umstände, wie wir sie im weitern Verlauf seiner Gefangenschaft kennen lernen werden, nicht im Stande wären, den ausgesprochnen Tadel auf das Minimum seines Maßes zurückzuführen.

VI.
Von Augsburg in die Niederlande[1]. Rückkehr nach Augsburg.

Kurz nach Beendigung des Reichstags zog der Kaiser von Augsburg weg. Wenige Tage vor seinem Abschied erfuhr Johann Friedrich, daß er sein Hoflager aufheben und dem Kaiser folgen müsse.

Es war am 12. August 1548, ein stiller feierlicher Sonntagsmorgen. Die Glocken tönten gerade vom nahen St. Ulrich, als sich in lautloser Stille, unter Zudrang von Tausenden der Zug in Bewegung setzte. Weit hinaus über die Stadt gab man dem Gefangenen das Geleite, von seinem offenen Reisewagen empfing die Menge das Zeichen des Abschiedes. Was in ihm vorging, haben Tausende mitempfunden, keiner hat es berichtet. Aber gefaßt und ruhig, wie er gekommen, sagt man, so sei er von Augsburg geschieden.

Ueber Steinkirchen, wo er Nachtlager nahm und Günzburg, wo seine Wohnung so dürftig war, daß er Tisch und Bänke lieh, kam er am Morgen des 14. August nach Ulm. Erst dort erreichte ihn sein Reisewagen mit Küch- und Kellergeschirr,

---

[1] Auch für diesen Abschnitt bilden die obenerwähnten Rechnungen des Gesammtarchivs die vorzüglichste Quelle.

während er selbst mit seinem Gefolge und 28 Pferden vorausgezogen war. Hier weilte er volle 6 Tage im Haus der Bürgermeisters-Wittwe Besser, die sich seiner mit wahrer Aufopferung annahm. Am Morgen des 20. August war er dann weiter beordert und gelangte meist in mangelhaften Wohnungen geborgen nach 6maligem Nachtlager am 16. August nach Speyer. Es ist nicht gelungen, seine dortige Wohnung festzustellen, wie überhaupt die Reiserechnungen in dieser Beziehung wenig ergiebig erscheinen. Jedenfalls war sein Aufenthalt nicht besonders angenehm; das zeigt schon sein Küchenbau, den er für die kurze Zeit vornahm, und der Umstand, daß er in Ermangelung eines Kellers seinen Wein im Hausbrunnen bergen mußte.

Am 3. September führte man ihn über Worms und Oppenheim an beiden Orten übernachtend nach Mainz. Dort bestieg er mit den nothwendigsten Geräthschaften versehen das Schiff, während die Pferde mit dem größten Theil seines Gefolges den Landweg einschlugen und von Cöln aus den Gefangenen, der vom 8.—10. September sich dort aufgehalten, nach Jülich geleiteten. Auch da war ihm nur eine Nachtruhe gegönnt. Dort sah ihn sein Schwager Herzog Wilhelm von Jülich, der zu wiederholten Malen den Kaiser um Befreiung des Gefangenen gebeten hatte. Aber nur wenige Stunden konnten beide zusammensein; wahrscheinlich um dieses Berührungspunktes willen zog man im Fluge weiter. Reich beschenkt, mit vollem Vorrath in Küche und Keller, von elf Pferden gezogen, war Johann Friedrich am Morgen des 11. September weiter geführt und gelangte endlich, nachdem er auf kleinen Ortschaften und in Mastricht und Löwen sechs Nächte zugebracht, nach anstrengender Reise, oft in Morast versunken und von Bauern ausgegraben, endlich am 17. September nach Brüssel.

Nach Andeutungen, welche ihm hier gegeben wurden, durfte er an diesem Orte einen längern Aufenthalt erwarten. Erst hier war es auch, wo er der Wittenberger Capitulation gemäß behandelt, im Kaiserlichen Pallast Aufnahme fand.

Es ist nicht gelungen zu ermitteln, aus welcher Veranlassung er auch von hier bald vertrieben wurde; ob die Ankunft des Prinzen oder der Königin Maria die Schuld trug; kurz wir finden den Gefangenen bald hierauf in einem Privathaus, von dem uns weiter nichts bekannt geworden ist, als daß es einem Doctor gehörte, dem Johann Friedrich ziemlich nahe gestanden zu sein scheint.

Mehr als je durch die Verhältnisse geboten, nahm auch hier Johann Friedrich eine Menge baulicher Veränderungen in seiner Wohnung vor. Denn wie die Dinge eben jetzt lagen, durfte er an seine Befreiung weniger als in Augsburg denken; von ihr, schreibt er, ist jetzt nicht einmal mehr die Rede.

In eben dem Maße, als das kleine Thüringen gegen das Interim sich schroff erhob, verschlimmerte sich seine Lage. Nie war die Zukunft trüber als hier. Nicht seinen Landen war es vergolten, sondern ihm, der doch immer als Träger ihrer Stimmung galt, wie wenig er sie auch direct zu beeinflußen gesucht hatte. Grund genug, sein Schicksal wenigstens durch die äußere Lage erträglich zu machen. Und so finden wir in ihm den Alten, nur hie und da matt und gebeugt, sonst in seinem gewohnten Gang. Mein Herz und Gemüth ist krank, schreibt er seiner Gemahlin. Eine Anfechtung kommt über die andere, ich hör's von Herzen gern, daß Du so fleißig betest, Wir bedürfen's wohl, Du und ich.

Wie in Augsburg, so baute er also auch hier, bricht Fenster und Thüren, baut Schornsteine und Oefen, erleichterte seinem Obersten sogar die Aufsicht über sich dadurch, daß er beide Zimmer durch eine Thür in engste Verbindung bringt. Auch hier zeigen sich ihm Sänger und Tänzer, Narren und Gaukler; aber man fühlt es wohl durch, daß es nicht das frische rege Leben Augsburgs ist, daß ihm nicht so eng Befreundete wie die Welsers und Herrbrots zur Seite stehen. Fast ausschließlich auf sich und seine nächste Umgebung angewiesen, lebt er seinen vorzüglichsten stillen Neigungen. Er schießt und ergeht sich im Garten, spielt seine gewohnten Spiele und verkehrt mit seinen Affen und Meerkatzen, denen er Häuser bauen läßt. Eben in der Beschränkung seines Umgangs findet die Einseitigkeit seines Lebens ihren wahren und alleinigen Grund.

Gleichsam von äußeren Verhältnissen zurückgestoßen, beschränkt er sich meist auf den Verkehr in seinem Zimmer. Er verschönert es durch Bilder mancherlei Art, er ergötzt sich an der Apocalypse Johannis und der Arche Noahs von Niederländern gemalt; überall an Oefen und in Fenstern bringt er das sächsische und jülichsche Wappen an, an allem fühlt man durch, daß es ihm nur zwischen den Wänden heimlich ist, wie er denn ja gerade auch diese Einrichtung in sein neuerbautes Jagdschloß in Thüringen übertragen ließ.

Nur hie und da zeigt sich entfernte Theilnahme. Wiederholt kommen die jülichschen Räthe, um die Befreiung vom Kaiser zu erflehen, wochenlang harrend auf die Audienz ziehen sie ohne Trost wieder von dannen. Bald ists die Königin von England, die ihm vier Tonnen Biers verehrt, bald Lazarus Tucher aus Antwerpen, der ihm Wein sendet, oder sein treuer Doctor Achilles, der für die mancherlei Leiden, für Gicht, Beklemmung und Podagra lindernde Mittel spendet und mit herzlichem Brief seine Theilnahme bekundet. Selbst ein Prediger von Erfurt sucht ihn auf, um ihm eine rechte Andachtsstunde zu halten. Trotz mancherlei Anfechtungen, oft leidend, verläßt ihn der frische Muth nie ganz. Nicht genug können ihn seine Spanier rühmen, daß er die furchtbaren Strapazen der Reise standhaft erträgt. Zum Trost schreibt er seiner Gemahlin: die Spanier um mich her erliegen der qualvollen Hitze, ich werde von ihnen bewundert, daß ich mich so tapfer halte. Wenn irgend möglich zieht er dann aus, am Brüsseler Markt schaut er aus einem gemietheten Kämmerlein den prächtigen Aufzügen der Kaufmannschaft, der Pfeffersäcke, wie er sie zu nennen pflegt, zu. Mit gespannter Aufmerksamkeit verfolgt er die Turniere, hier auf einmal zeigt sich seine Regsamkeit und Beweglichkeit, obwohl es sonst immer einer eignen Vorrichtung bedarf, den Schwerfälligen in den Sattel zu heben.

Zu Haus beschäftigen ihn dann seine Chroniken und Maler,

seine Hofhaltung, für die er eigens eine Ordnung aufstellt, die unter dem Namen der Brüsseler Hofordnung bekannt geworden aber leider verloren gegangen ist. Wir sehen, wie er den Holzstall versichern läßt, damit ihm die Spanier das Holz nicht entwenden; wer mag die Kleinigkeiten alle aufzählen, die der alte Herr beachtet und für wesentlich hält. Gerade in diesen kleinen Dingen zeigt sich seine unermüdliche Thätigkeit. Wie sonst wendet er die vorzüglichste Sorgfalt auf die Regierung seines Landes. Mit Genugthuung und Stolz schaut er auf die Ritterschaft und die Geistlichen seines Landes, wie sie unerschütterlich auf ihren Entschließungen gegen das Interim beharren. Das eben ist das Merkwürdige an der Verbindung mit ihnen, daß sie die Opposition wach erhalten, trotz seiner Verbote doch im Geiste der Augsburger Confession die Bewegung gegen das Interim unterstützen und verbreiten. Der Druckerei in Erfurt, der einzigen in den ernestinischen Landen, hat er beispielsweise bei hoher Poen auferlegt, keinerlei Schriften gegen die kaiserlichen Anordnungen ausgehen zulassen. Und gerade von ihr steht es fest, daß sie das halbe Deutschland damit überfluthete. Nirgends sind Fürst und Volk einmüthiger beisammen gestanden, als Johann Friedrich mit seinen ernestinischen Unterthanen in jener wie zum Widerstand geschaffenen großen geistigen Bewegung.

Und so vergeht ein Tag nach dem andern, nur gerüchtweise bringt es zu ihm, daß er seinen Aufenthalt bald verändern werde. Ob ihm aber das Schicksal den deutschen Landen wieder näher bringen werde? Wer vermag es zu sagen! Liegt ja doch Alles an dem Kaiser, dem unergründlichen in seinen Entschließungen, der räthselhaften Natur, hinfällig und wieder auflebend, im ewigen Wechsel begriffen. Heut vom Podagra dahingestreckt, dann bleichen Antlitzes am Stabe hin und her schleichend, lacht er des andern Tages mit blitzendem Auge, voll „Leben und Glanz" der matten Stunden von gestern. Wie oft hat Sybilla in ihrer Bitterkeit auf ihn das Sprichwort angewandt „Unkraut birbet nicht."

Wie es denn nun an maßgebender Stelle nicht immer Gründe

für das oder jenes giebt, so am allerwenigsten in den Verhältnissen Johann Friedrichs. Am 14. Juli 1549, wieder war es ein lichtvoller herrlicher Sonntagsmorgen, gleich als ob die Herrlichkeit der Natur dazu ausersehen sein sollte, die Fesseln der Gefangenschaft doppelt empfindlich zu machen, war Johann Friedrich über Alsen nach Gent beordert. Am Abend des nächsten Tages kam er dort an. Der Kaiser war ihm vorausgehend bereits am 14. Juli eingetroffen. Hier sah Johann Friedrich die Huldigung des Kaisers mit dem Ritterspiel, an dem sich 80 Grafen betheiligten. Seit langer Zeit zum ersten Male grüßte der Kaiser den Gefangenen, der aus bescheidenem Kämmerlein dem heitern Feste zusah. Selten ist eine Beschreibung so eingehend, so frisch, lebendig und theilnahmsvoll, als die, welche Johann Friedrich in jenen Tagen für seine Gemahlin bestimmte. Und gleich darauf vom Scherz in leichtem Uebergang zum tiefen Ernst berichtet er von seiner Loßlassung, wie nirgend eine Aussicht sich bieten will: Auch deines Bruders Räthe haben nicht viel ausgerichtet. Ist es doch Alles um unsers Gottes Wort und die Augsburger Confession zu thun! Wenn ich und meine Söhne das fahren ließen, das wäre die Abgötterei annehmen, so wäre den Sachen geholfen. Aber weil ich das zu thun nicht bedacht, so mußt Du und ich an des Herren Wort denken: Der Knecht soll es nicht besser haben, als sein Herr.

Und mit diesem Troste zog er dann weiter. Am 20. Juli brachte man ihn über Dortmund nach Mecheln, während der Kaiser über Brügge nach Antwerpen ging, wohin auch Johann Friedrichs Reise zielte.

Als der Gefangene am Morgen des 22. Juli in Mecheln einzog, war er von sechs Zimmerleuten aufgefangen,[1] womit man alter Sitte gemäß ihm eine Ehrenbezeigung an den Tag

---

[1] Das Auffangen besteht darin, daß man durch Sperrung der Straße mittelst eines von 2 Seiten gehaltenen Strickes den Wagen aufhält und damit gewöhnlich ein Lösegeld erreicht. In Thüringen ist mir diese Sitte bei Hochzeiten bekannt; doch scheint sie im Abnehmen begriffen zu sein.

legen wollte. Hier beschäftigte ihn die Stadt, die er zu wiederholten Malen besichtigte, er besuchte das alte berühmte Zeughaus, und erhielt hier, vielfach beschenkt, unter anderm auch das Bild vom Brande zu Mecheln, welches er nach Weimar sandte, von wo es kurz darauf in das neue Jagdschloß gelangte.[1]) In Mecheln selbst lebte er 6 volle Wochen im kaiserlichen Pallast, ohne daß sonst Bemerkenswerthes für die Aenderung seines Schicksales sich ereignet hätte. Immer hoffend, schreibt er seiner Gemahlin, es will sich noch nicht ändern, Du hast den Herrn an meiner Statt, das sei dein Trost, und ist Christus mit uns, wer ist dann wider uns? Am 11. September wurde er nach Antwerpen übergeführt. Kaum daß er sich nothdürftig eingerichtet, die Schiffswerften besehen und dem Einzuge des Kaisers, den er nie so prächtig wie hier gefunden, zugeschaut, war er nach 6tägigem Aufenthalt am 17. September nach Mecheln zurückgeleitet. Aber schon nach einem zweitägigen Aufenthalte führte ihn am 19. September die spanische Leibwache nach Brüssel ab.

Zwei volle Monate waren, seit er von Brüssel hinweggezogen dahin gegangen, und nun befand er sich Dank den Launen des Kaisers wieder am alten Orte.

So begann er das altgewohnte, wenig wechselvolle Leben hier von Neuem, aus dem uns nur zwei Momente von höherem Interesse bemerkenswerth erscheinen: daß er sein Bild in Stein aushauen und ein Gemälde fertigen ließ, das ihn als Schachspieler mit dem spanischen Hauptmann darstellt. Ueber die Verwendung der erstern Arbeit ist uns nichts bekannt geworden, das Gemälde sandte er nach Weimar, von wo es seiner Bestimmung gemäß in das neuerbaute Jagdhaus übersiedelte, in dem es sich auch 20 Jahre nach seinem Tode noch vorfand.

Allmählich war der Kaiser der Durchführung seiner umfassenden Pläne in den Niederlanden nahe gekommen. Sein Werk zum vollen Abschluß zu bringen, bedurfte es noch eines Reichs-

---

[1]) Der Brand in Mecheln rührte von einer Pulverexplosion her; das Bild wurde gewöhnlich genannt: „wie das Pulver gerumort hat."

tags, der nach seinem Willen im Juli 1550 in Augsburg wieder zusammentreten sollte. Erst damit erfüllte sich der Wunsch Johann Friedrichs. Ihm, dessen Gedanken stets in der Heimath weilten, war es endlich vergönnt, wenn auch als Gefangener nach Deutschland zurückkehren zu dürfen.

Nach achtmonatlichem Aufenthalt erhielt er Befehl, sich von Brüssel hinwegzubegeben. Am 31. May brachte man ihn zunächst nach Löwen. Wie danke ich meinem Herrn und Gott, schrieb er, daß ich aus diesen Landen komme. Am 2. Juni zog er über Tungern nach Mastricht, wo er vom 4.—7. Juni rastete. In Aachen hielt er sich vom 7.—9. Juni auf. Dort schenkte man ihm unter anderm auch ein Schwert Karls des Großen, während ihm ein Geistlicher verschiedene Bücher des großen Kaisers zur Ansicht vorlegte. Dankbar nahm er das Schwert an, obwohl er nie an die Aechtheit desselben geglaubt hat. Dann zog er über Herzogenrath und Jülich, an beiden Orten nur übernachtend nach Cöln, und kam dort am 10. Juni an. Hier war er aufgefangen und ihm eine große Erzstufe dargebracht, und nachdem er sich zwei Tage dort aufgehalten und vielfach beschenkt war, bestieg er am 14. Juni das Schiff und gelangte nach fünftägiger Fahrt, meist durch Schachspiel unterhalten, am 19. nach Mainz, während sein Gefolge mit den Wagen und 26 Pferden den Landweg eingeschlagen hatte. Nach zweitägigem Aufenthalt zog er den gewöhnlichen Weg über Speyer nach Ulm und langte endlich nach manchen wohlthuenden Bezeigungen, wie namentlich zwischen Mainz und Oppenheim, wo ihm eine große Schaar Mädchen mit Kränzen aus einem Dorfe entgegenkam, nun wieder auf heimischem Boden sich fühlend, am 8. Juli in Augsburg an[1]).

Ehe wir sein Schicksal weiter verfolgen, bedarf es eines Hinblickes auf den Kaiser. Denn wo und wie er im Augenblick stand, was er noch zu erreichen strebte, ist für Jo=

---

[1]) In Eßlingen ließ er eine „arg geschwollene Jungfrau" abmalen. Er hatte überhaupt sehr viel Sinn, Abnormitäten zu sammeln.

dann Friedrich und die weitere Entwickelung seines Geschickes nothwendig von höchster Bedeutung.

VII.

Der Kaiser.

„Mehr, weiter" waren die denkwürdigen Worte, die er auf seine Münzen gesetzt und die das Ziel andeuteten, dem er zusteuerte.

Es bleibt ein überwältigender Gedanke, den jener Kaiser gefaßt: Das alte Kaiserthum, wie es seit Jahrhunderten nicht mehr erschienen, war er beflissen wieder herzustellen. Beides vereinigt, in politischen wie in kirchlichen Dingen sollte sein Wille maßgebend sein.

Und allerdings auf dem besten Wege dazu war er. Wenn man zurückblickt auf sein Leben, wie er die schroff entgegenstehenden Gewalten in allen Theilen seines zusammengewürfelten Reichs mit allen Künsten allmählig gebrochen, so begreift man wohl, daß er an das Verwirklichen seiner Idee alles Ernstes glauben durfte.

Wohl gab es Elemente des Widerstandes auch im Reich deutscher Nation genug. Seines Ziels sicher hatte er es nicht für nöthig erachtet, jenen Krieg völlig bis zu Ende zu führen; fürerst war es genug gewesen, daß er sich der Häupter des Schmalkaldischen Bundes bemächtigt, daß das Interim theilweise anerkannt war. Die Zeit sollte lehren, daß sich doch alles seinem Willen fügen werde. Deutschland und der ohnmächtigen Bewegung den Rücken kehrend war er den Niederlanden zugezogen.

Vor allem beschäftigte ihn dort die conciliare Frage. Denn den Forderungen des deutschen Protestantismus, den er nur in so weit bekämpfte, als es die Herstellung einer einheitlichen Kirche forderte, konnte er nur gerecht werden, wenn er ihm gleiche Theilnahme, gleichen Einfluß gestattete, die strittige Religions=

Frage in einem freien christlichen Concil, wie man es gefordert zu entscheiden.

Das erste bedeutsame Anzeichen des kaiserlichen Sieges war, daß zunächst sich der Papst dem Willen des Kaisers fügte, die Kirchenversammlung zu Bologna auflöste. Und was noch an der vollen Unterwerfung der päpstlichen Partei fehlte, schien der neue Papst Julius III. ergänzen zu wollen. Es war einer seiner ersten Beschlüsse, daß das allgemeine Concil zu Trient eröffnet und fortgesetzt werden sollte.

Nun eilte der Kaiser von Neuem Deutschland zu, es galt nunmehr auch die Protestanten für die Beschickung des Concils zu gewinnen, und dazu eröffnete er gegen Ende Juli einen neuen Reichstag zu Augsburg.

Gleich hier zeigten sich besondere Schwierigkeiten. Selbstverständlich handelte es sich den Protestanten darum, dies Concil nicht als eine Fortsetzung des unterbrochenen anzuerkennen. Was in jenem beschlossen, sollte von Neuem berathen werden, die Beschlüsse des frühern waren für sie so gut als nicht vorhanden.

Wie immer gab auch hier der Kaiser ausweichende Antwort, er schlug ihnen nichts ab, sagte nichts zu; es lag ihm daran, sie zum Erscheinen am Concil zu bewegen, um demselben überhaupt einen allgemeinen Character geben zu können, den er von Beginn an erstrebt hatte. Die religiöse Frage sollte mit der Zustimmung der deutschen Protestanten aber unter seinem Einflusse von dem Concile entschieden werden.

Er selbst, so war sein Versprechen, werde sich nicht eher aus deutschen Landen begeben, bis die Beschlüsse des Concils in Vollzug gesetzt werden würden.

Trotz der Aergerniß, die das vom Kaiser angemaßte Recht, das Concil zu berufen, bei den Katholiken erregt, kam es Dank den minder schroffen Ansichten des Papstes in Trient am 1. May 1551 zu Stande. Zunächst nur von den Katholiken besucht, schickten sich allmählig auch die Protestanten an, auf demselben zu erscheinen, indem sie in einer Reihe von Bekenntnißschriften darauf vorbereiteten, wie sie sich dem Concil gegenüber verhalten, unter welchen Bedingungen sie an den Berathungen Antheil nehmen und die Beschlüsse für bindend erachten würden.

Es läßt sich denken, daß sie den protestantischen Standpunkt in keiner Weise verließen. Neben andern theologischen Schriften war die des Melanchthon nichts als eine getreue Wiederholung der augsburgischen Confession, welche hier auftauchte. Bei weitem wichtiger aber war, daß sie einen andern Modus der Berathung forderten: den Legaten das Recht zu präsidiren absprachen, daß unpartheiische Prälaten, entbunden von den Pflichten gegen den Papst als Schiedsrichter auftreten, und die Protestanten zunächst über die früher berathenen Artikel gehört werden sollten, zu deren Annahme sie sich nun und nimmermehr entschließen könnten.

Die besonders denkwürdige Haltung des päpstlichen Legaten, der die Wünsche der Protestanten nicht für unangemessen fand, und die Stellung des Kaisers, der wie immer nur zunächst liegende Schwierigkeiten weg räumte, machten das Erscheinen der Protestanten am Concil möglich. Ehe sie erschienen, hatte das Concil noch keinen Beschluß gefaßt, der sie an der thätigen Theilnahme zur Beilegung der religiösen Wirren hätte verhindern können.

Woran der Kaiser unaufhörlich gearbeitet, sah er jetzt im besten Zuge. Ihm Nachdruck, Festigkeit und Dauer zu geben, war er auf dem besten Wege, in dem er seinem Sohn Philipp den kaiserlichen Stuhl gesichert, spanisches Regiment im Reich deutscher Nation begründet hatte.

Aber von fern her zogen die Wetterwolken über seinem Haupte zusammen, die den Abend seines Lebens trübten.

Aus dem Schmalkaldischen Krieg und der Interimsbewegung war es vorzüglich Magdeburg gewesen, das den siegreichen Waffen des Kaisers getrotzt hatte. Bald der Mittelpunkt der Widersetzlichkeit gegen das vom Kaiser angeordnete Interim, hatten sich alle Elemente des Widerstandes, die sonst nirgends in Deutschland sich sicher wußten, dahin geflüchtet. Magdeburg war eine von politisch religiösem Eifer angefüllte Stadt, über die die Reichsacht längst ausgesprochen war. Wie viele sich auch an ihr versucht, die Bemühungen, sie zu erobern waren vergebens gewesen.

Und so stand die Sache noch, als der Kaiser aus den Niederlanden Augsburg zueilte.

Wen anders als den ihm zur Seite stehenden treu ergebenen Churfürst Moritz hätte der Kaiser mit der Führung des Kriegs gegen diese Stadt betrauen können. Ihm, in dem der alte Grimm saß, dem Unerhörtes von dort in Wort und Schrift geboten, mußte vor allem daran liegen, diese Stadt zu züchtigen. Er übernahm es im Auftrag des Reichstags mit den Mitteln des Reichs, den Krieg mit aller Energie die ihm eigen, zu beginnen.

Ganz Deutschland sah mit der gespanntesten Aufmerksamkeit diesem Festungskriege zu, — alles drehte sich um das eine, ob Moritz siegen oder Magdeburg sich behaupten werde. — Für die Entfaltung der kaiserlichen Macht in Deutschland war der Fall dieser Stadt ein wichtiges Moment. Wohin es mit dem Reich deutscher Nation bereits gekommen, zeigte sich in dem Gebahren des Kaisers in Augsburg, dessen Spanier mehr als je ihr freches Spiel fortsetzten. Störungen des protestantischen Gottesdienstes und das Wiederaufleben der Prozessionen in dem sonst so protestantischen Augsburg, Verfolgung der Prediger mit Gefängniß und Vertreibung bis zur Eidesabnahme, wie in Regensburg, wo man verhinderte, evangelische Prediger anzunehmen, gehörten bereits zu den täglichen Erscheinungen. Man stand an der Frage, ob Schlimmeres je gehört und Schlimmeres nicht noch zu besorgen sei.

So weit, ruft der brandenburgische Gesandte aus, ist es mit den Deutschen gekommen; sonst gefürchtet von allen Nationen spottet man ihr, Gott sei's geklagt!

Das Maß war gerüttelt voll, es fragte sich, wer der Aufgabe sich unterziehen werde, ihm den Boden auszustoßen.

Von dem, auf welchen Deutschland am wenigsten hatte rechnen können, kam die Hülfe; eben vom Churfürst Moritz.

Längst mochte er, der immer verschlossen, geheimnißvolle Betrachtungen angestellt haben, die ihm zeigen mochten, daß seine Politik auf die Dauer unhaltbar sei, daß sie im lebhaftesten Widerspruch mit den Interessen der deutschen Nation stehen müsse. Der

Haß, der sich auf ihn warf, zeigte sich nicht nur im weitern Vaterlande, das mit seiner Hülfe schmachvoll erniedrigt war, die Wirkungen desselben begannen sich bereits auf dem eignen sächsischen Boden geltend zu machen, der unter seinen Füßen erzitterte. Selten hat die deutsche Literatur stärkere Ergüsse des Unmuthes aufzuweisen, als gegen ihn. Man deutete bereits darauf hin, daß seine Macht, wie er sie erworben, zerstieben werde. Schon stand er an dem Punkte, wo seine Ritterschaft von der Bewegung gegen Magdeburg sich abschloß, auch in weitern Kreisen der Bevölkerung die gerechte Sache Magdeburgs mehr und mehr zweifellos erschien.

Ganz im Stillen, mit aller Vorsicht, die ihm eigen ist, tastend ob im Dunkel nicht Gleichgesinnte die Hand zur Umkehr bieten würden, lenkte er allmählig in die entgegengesetzten Wege ein. Aber wer mochte ihm trauen, wer mit ihm gehen, dem Zweideutigen! Schritt für Schritt näherte er sich dem Markgrafen Johann von Cüstrin, man rang sich so zu sagen die Worte ab, bis man sich über das geheimnißvolle Wollen verständigt hatte; mehr und mehr erweiterte sich der geheimnißvolle Bund, dem Mecklenburg, Hessen und der ritterliche Markgraf Albrecht von Brandenburg beitraten, bis die Dinge sich in dem Bunde mit Frankreich gipfelten, der gegen den Kaiser zur Erhaltung der Religion und Freiheit der deutschen Nation geschlossen war.

Während dem hatte Moritz die Belagerung gegen Magdeburg fortgesetzt; längst war es ihm nicht mehr Ernst, gegen die Stadt auf den kaiserlichen Forderungen zu beharren. Als das Bündniß mit Frankreich vollendet, begannen seine Unterhandlungen; er forderte sie auf, sich zu ergeben; aber anstatt auf Gnade und Ungnade, wie der Kaiser wollte, versprach er, daß alle Ungnade fallen, kein Prediger von ihr betroffen werden solle. Am 9. November zog er in Magdeburg ein, als Burggraf anerkannt, war die Stadt vertragen, aber seine Heerhaufen entließ er nicht.

Wie hätte der Kaiser, der indeß von Augsburg nach Innsbruck übergezogen war, ahnen können, was hier vorgegangen, daß ein deutscher Fürst, zumal Moritz, sich gegen ihn wenden werde. Er fühlte sich in Innsbruck so sicher, daß er von allen Truppen entblößt, seine ganze Aufmerksamkeit dem Trienter Concil zugewandt hatte. Was gegen Ende 1551 durch Deutschland als Gerücht von den Plänen Moritzens gegen den Kaiser lief, machte auf ihn keinen Eindruck. Waren ja von Moritz fortwährend die unmittelbarsten günstigsten Berichte über sein Verhältniß zum Kaiser eingelaufen, hatte Moritz nicht seine Räthe vorausgesandt, die seine Ankunft in Innsbruck melden sollten, waren nicht seine Theologen eben des Wegs nach Trient gezogen? Es wäre von einem deutschen Fürsten unerhört, äußerte der Kaiser, der eine solche Ueberlistung für unmöglich hielt.

Aber in dem Moment, als Moritz nochmals gegen Ende März 1552 die Loslassung seines Schwiegervaters, des Landgrafen Philipp von Hessen begehrte, vereinigte er sich schon mit dem Heerhaufen des Prinzen Wilhelm von Hessen, während Moritz und Albrecht dem Süden zuzogen, Augsburg besetzten, dann mit Niederwerfung der kleinen kaiserlichen Besatzungen in Tyrol einzogen. Schon war er seinem Ziele nahe, den Kaiser in Innsbruck gefangen zu nehmen, als dieser, begünstigt von einer unter den Deutschen ausgebrochenen Meuterei, Zeit gewann, über die eisigen Gebirge nach Villach zu entkommen. Sofort löste sich das Concil jenseits der Alpen auf; die Idee der Einheit, wie sie vom Kaiser in politischen und kirchlichen Dingen erstrebt war, zerfiel; es schien, daß fortan für sie auf deutschem Boden kein Raum vorhanden sei.

Für uns bleibt es das hauptsächlichste Moment, daß Johann Friedrich in jener Katastrophe seine Freiheit wieder erhielt. Seit jener Rückkehr aus den Niederlanden sind wir seinem Schicksal nicht gefolgt, es ist Zeit, daß wir ihn und die Seinen auf den traurigen Wegen begleiten, bis sein Geschick sich in Innsbruck und Villach zum Bessern wandte und er seiner Heimath zuziehen durfte.

VIII.
Zweiter Aufenthalt in Augsburg.

Es ist bereits angedeutet worden, wie weit die großen monarchischen Pläne des Kaisers gerade in diesen Tagen ihrer Ausführung nahe waren. Wie es um das Reich stand, bewies das unerhörte Bezeigen der Spanier eben während jenes Reichstags. Wehe wenn die Ziele erreicht wären, die der Kaiser sich gesteckt hatte.

Zunächst war es Augsburg selbst, das unter den Augen des Reichstags dem Uebermuthe der Spanier erlag.

Obwohl ihrer nur eine Handvoll ist[1]), sagt eine Augsburger Chronik, so treiben sie doch allen Muthwillen; niemand hindert sie daran, sie machen, daß in Augsburg niemand mehr Herr und Meister ist, weder über Leib und Gut, noch über Weib und Kind.

Aus jenen Tagen ist eine Zusammenstellung der Gräuel auf uns gekommen, die außerordentlich dankenswerthes Material für die genauere Kenntniß der trostlosen Zustände darbietet. Wir finden da wohl, daß in St. Ulrich die Kanzel und Stühle vernichtet, der protestantische Gottesdienst in der Kirche zum heiligen Kreuz gestört, die Lehrer auf das Interim verpflichtet und die Prozessionen mit ihren Glöcklein und Lichtern wieder durch die Straßen zogen. Wie das spanische Regiment streng darauf hielt, daß an bestimmten Tagen nur Fastenspeise auf den Tisch kam, so verfuhr man auch gegen die protestantischen Prediger, denen bei Verweisung auferlegt war, das Sacrament nur unter einer Gestalt zu reichen. Aus der Stadt ziehend nahm man dann ihnen wohl den Eid ab, innerhalb der Grenzen des heiligen Reichs deutscher Nation niemals wieder zu predigen. Wie

---
[1]) Nach Ranke V. 151. (3. Ausgabe).

viele sind in jenen Tagen davongezogen und haben versucht, ihr Leben durch die Wahl eines fern liegenden Berufs zu fristen.

Wie wäre es möglich gewesen, daß nicht auch Johann Friedrich unter dem Druck dieser Verhältnisse gelitten hätte!

Aber wie sich's von ihm erwarten läßt, seine Briefe berichten von all dem nicht viel. Erhaben über den Leiden dieser Zeit, befindet er sich, seit er in Augsburg eingezogen, wieder in frischer, fröhlicher Stimmung. Niemals ist eine zahlreichere Ritterschaft seines Landes in seiner Umgebung gewesen als jetzt. Namen alt berühmter Geschlechter, wie die Brandenstein, die Harstall, die Seebach, Wangenheims und viele andere, angezogen von dem Glanze und den Verhandlungen des Reichstags, weilen hier. Sie bringen die Zeit mit ihm zu in allen Freuden, wie sie das Hofleben jener Tage kennt und nun einmal bedarf. Lautenschläger und Spielleute ziehen vor ihm auf; er steht am Fenster, winkt zum Einlaß oder fertigt sie ab, indem er ihnen den Preis sorgsam in Papier gefaltet hinabwirft. Mit altem Eifer setzt er seine Schießübungen fort; fast täglich finden wir in seinen Rechnungen, wie er Einlagen macht, ohne vom Glück begünstigt zu sein, oder wir sehen ihn im hohen Sommer, triefend von Schweiß unter mächtigem Schirm, — ein Geschenk des sorgsamen Welser — hoch zu Roß von einem Spazierritt oder von der Jagd heimkehren, an der freilich die Spanier als unvermeidliche Genossen Theil nehmen. Von Neuem belebt sich die Lust am Ritterspiel, zu dem selbst von Weimar das Renn- und Stechzeug herbeigeholt und mit nicht unbedeutenden Kosten hergestellt wird. Auch Seiltänzer und Stocknarren bringen Abwechselung in das altgewohnte Leben, oder er ergötzt sich an dem langen Bauern, der aus dem Bisthum Salzburg daher gewandert ist. Als Freund alles Merkwürdigen ist es ihm nicht entgangen, daß die seltsame Erscheinung genau vier Ellen und eines Daumens breit lang ist. An allem hat der alte Herr, wie sein Name nun einmal ist, seine Freude; in Summa, er lebt auf in den alten Verhältnissen, nur froh, daß weit hinter ihm die Niederlande liegen, in die er niemals zurückzukehren denkt.

Und dazu trug in hohem Maße Lucas Cranach bei, der am 23. Juli 1550 in Augsburg eintraf und am Hofe Johann Friedrichs auf dessen besondern Wunsch sich niederließ[1]). Dort lebte Cranach seiner Kunst in stiller Zurückgezogenheit mit einem kleinen Jahrgehalt, indem er vorzüglich die Ideen seines Herrn ausführte, aber auch den Wünschen Anderer Rechnung getragen hat. Wie productiv er war, und welch lebhaften Verkehr man mit Johann Friedrich voraussetzen darf, mag ein einziges Verzeichniß seiner Kunstwerke beweisen, das allein 40 Bilder aufweist[2]), die er auf Johann Friedrichs Bestellung während eines nur siebenmonatlichen Aufenthaltes in Augsburg anfertigte. Ebenso, wenn schon in geringerm Maße, verkehrte Johann Friedrich mit Titian, der sich gleichzeitig zu Augsburg aufhielt. Noch zeigt man das Bild Johann Friedrichs, welches von Titian gemalt worden ist, in der Gallerie zu Wien[3]), wohin auch andere Bilder aus dem Augsburger Aufenthalt gekommen sind, wie denn überhaupt die Kunstwerke Cranachs von Augsburg aus ihre weiten Wanderungen angetreten haben, da bekanntlich Johann Friedrich mit den Bildern seines Meisters seine Erkenntlichkeit und Dankbarkeit oft zu erkennen gegeben hat. Welchen Blick eröffnen diese Verbindungen in das freudige Treiben Johann Friedrichs!

Und doch hat es in jenen Tagen an trüben Stunden nicht gefehlt. Wie hätte Johann Friedrich von dem spanischen Uebermuth, der sich überall in seiner furchtbaren Größe zeigte, unberührt bleiben sollen? Aufgebracht über den verunglückten Fluchtversuch des Landgrafen hütete ihn die Wache desto strenger, zeit-

---

[1]) Es ist Schuchardts Verdienst, zuerst in seinem gründlichen Werke über Lucas Cranach nachgewiesen zu haben, daß Lucas Cranach nicht aus Anhänglichkeit dem Gefangenen folgte, sondern daß die von diesem gewünschte Wiederaufnahme des Dienstverhältnisses der Grund von der Uebersiedelung Cranachs nach Augsburg war. cf. I. 195.

[2]) l. c. I. 206, wobei ganz richtig bemerkt ist, daß diese 40 Bilder bei weitem nicht alle sind, die Cranach in Augsburg zu Stande brachte. Schon die Spielrechnungen Johann Friedrichs weisen andere nach.

[3]) l. c. I. 209.

weise schließt sie ihn von dem Verkehr mit Deutschen ab; des Tags ihn dem neugierigen Volk für Geld zeigend, lagert sie sich des Nachts auf seinen Polstern und Bänken, während Johann Friedrich in der nahen Kammer bei offner Thür ihr Wüthen und Toben anzuhören verurtheilt ist. „Was hilft mein Klagen, schreibt er, alles ist umsonst, es geschieht doch nur der Religion wegen, daß ich in etwas willigen soll, was ich aber, es treffe Leib oder Gut, nie und nimmer thun werde."

Bei all dem ist das Leben nicht ohne lichtvolle Blicke in die Zukunft. Dann erfüllt sich sein Auge mit Glanz, er ist freudig bewegt und erregt, wenn sich günstige Zeichen für seine Befreiung ankündigen. Aber gerade darin liegt die Grausamkeit der Behandlung, daß man Hoffnungen erregt und belebt, nur um sie wieder vernichten zu können. Man darf sagen: man arbeitet geflissentlich auf ein geistiges mürbe werden hin. Wie viel hat Alba zugesagt, von dem es nach den Resultaten neuster Forschung sicher ist, daß es völlig außer dem Bereich seines Wollens oder Könnens gelegen war. Wiederholt hat er Zusicherungen gegeben, alles zur Erledigung thun zu wollen, als wenn er des Gefangnen Bruder wäre, er hat von der Bewegtheit des Kaisers gesprochen, als Sybillas Fürbitte eingetroffen war, und oft in Aussicht gestellt, daß die Gemahlin ihn in Augsburg aufsuchen dürfe, während von all dem gerade hier der Kaiser entfernter als je gewesen ist. Auch das hat Johann Friedrich ertragen. Bewundert von allen, hat er in neuen Anfechtungen stets neue Mittel gefunden, den Kampf siegreich zu bestehen. Aber noch hatte sein Schicksal sich nicht erfüllt: Nach Beendigung des Reichstags folgte er dem Kaiser nach Innsbruck.

IX.
Sybilla.

Unwillkürlich lenken sich unsere Blicke von Augsburg nach Weimar, wo jene edle Fürstin Sybilla, die Gemahlin Johann Friedrichs, in stiller Ergebung harrte.

Schon das, was wir aus oft wiederholten Erzählungen von ihr wissen, hätte uns zu diesem Seitenblick bestimmen können. Um wie viel mehr bedarf es dieses, seit es uns vergönnt gewesen ist, ihren herrlichen Briefwechsel zu durchfliegen, der aus jenen trüben Stunden ihres Harrens auf die Gegenwart herabgekommen ist[1]).

Nach jenen traurigen Tagen in Wittenberg war sie nach Weimar übergesiedelt. Erinnern wir uns, wie Johann Friedrichs finanzielle Lage war, welche Einschränkung sie erheischte, so wird man gerade nicht sagen können, daß ihr äußeres Leben einer Fürstin völlig entsprach, selbst wenn wir die Einfachheit jener Zeit in Rechnung ziehen.

Der alte Glanz des Hofes war dahin, alles an starre einschränkende Ordnungen gekettet, die so zu sagen das Maß der Dürftigkeit nicht überschritten. Selbst die Zimmer waren bestimmt; in denen sie sich aufhielt und mit ihren Söhnen verkehrte. Von all der reichen Dienerschaft waren ihr wenige Kammerjungfrauen[2]) und eine alte treue Bürgerin Weimar's geblieben, die in ihrer unmittelbaren Nähe sich aufhielten. Auch Küche und Keller hatten ihre Beschränkung gefunden, die Freuden des Hofs waren ab-

---

[1]) Die Briefe Sybillas im S. Ernst. Ges. Archiv in Weimar, deren mehrere Hundert noch vorhanden sind, bilden die ausschließliche Quelle für diesen Abschnitt. Theilweis sind sie nicht leicht zu lesen. In vielen sind die Spuren der körperlichen Schwäche Sybillas zu erkennen.

[2]) Wir finden nur 3 Personen vom Adel, die ihrem Dienste sich widmen.

gestellt; es gab überhaupt kein Verhältniß des Hofes, wo nicht die tief schneidenden Furchen des Unglücks sichtbar gewesen wären.

Selten hat eine deutsche Fürstin unter dem Druck der äußern Verhältnisse so sehr ihre Stärke bewiesen, so ihren vollen Werth behauptet als Sybille. Mag sie diese schwere Zeit auch gefühlt haben, so viel steht fest, zu erkennen gegeben hat sie es nicht; nie ist eine Klage über ihre Lippen gegangen. Eins nur berührt sie, der Verlust eines innigen Familienlebens; sie geht auf in dem Gedanken um die Befreiung ihres Gemahls. „Heißt das in kurzer Zeit wiederkommen, schreibt sie schon kurz nach der Trennung, ich habs nicht vergessen, aus der kurzen Zeit ist eine lange Zeit worden."

In Trauergewänder gehüllt, — ihre beständige Kleidung während der Gefangenschaft ihres Gemahls — sehen wir sie schon am frühen Morgen mit Abfassung von Briefen beschäftigt. Noch ehe sie Speis und Trank zu sich genommen, hat sie, wie sie sich auszudrücken pflegt „in Vorrath" geschrieben, damit ja kein Bote unbelastet von dannen gehe. Jeder Brief zeugt für die Innigkeit des Verhältnisses, jede Zeile bietet Trost in lieblichem Wort, begleitet von biblischen Sprüchen. Man darf wohl sagen, daß ihre Briefe das Muster herzlicher Ergüsse, zugleich die reichhaltigste Auslese der heiligen Schrift genannt werden darf. In alle Welt sendet sie ihre Schreiben, nie hat sie ein Mittel unversucht gelassen, weltlichen Einfluß für die Befreiung ihres Gemahls zu beherrschen. Trotz dem, daß sie sich nicht fest fühlt in den Formen, verkehrt sie doch mit dem Kaiser und der Königin; alle Hebel sucht sie in Bewegung zu setzen. „Ich weiß zwar nicht, schreibt sie wohl einmal an ihren Gemahl, wie ihr Titel ist, setzt ihn darauf, laßt den Brief seines Weges ziehen. Gebe nur Gott, daß er Nutz schaffe."

So vom frühen Morgen bis in die späte Nacht dreht sich all ihr Thun um die Rückkehr Johann Friedrichs. An meinen Bitten zu Gott liegt es nicht, äußert sie, wahrlich Alle um mich her können bezeugen, daß ich Tag und Nacht für Deine Heimlehr bete. So lange ich E. Gnade gehabt habe, und nun sind es über zwanzig Jahr, bin ich nicht so lange von Euch getrennt gewesen. Am jüngsten Tage werdet Ihrs hören, wie ich für Euch gebetet habe.

Feindin jeder großen Umgebung und Abwechselung im Leben, begnügt sie sich meist mit dem Verkehr ihrer Jungfrauen. „Freund' in der Noth," ist ihr Sprüchwort, „geh'n wenig auf ein Loth". Abends und Morgens kommen die Kinder zu ihr, da liest und scherzt man, auch ein Spiel läuft zu Zeiten mit unter. Die langen Abende verkürzt der Spinnrocken: Ihr sollt erfahren schreibt sie ihrem Gemahl, was für eine Spinnerin ich werde. Da giebts freilich auch Fragen ernsten Inhalts genug. Wo das Unglück eingelehrt, kommt es an allen Enden zum Vorschein; Sorgen erfüllen den Tag und wachen auch am Lager der Fürsten. Weinend naht sich Johann Wilhelm mit einem „ernsten" väterlichen Schreiben, da giebts zu ermahnen und zu besänftigen. Wie dank ich Euch, schreibt Sybille, daß Ihr so fleißig befehlet, daß die Kinder mich in Ehren und wohl halten sollen. Versöhnend setzt sie aber auch hinzu, laß Deinen väterlichen Zorn gegen die Kinder fallen, es sind noch junge Menschen, die der Nachsicht bedürfen. Da kommen die Sorgen drückender Krankheit, weinend durchwacht sie die Nächte am Lager des Jüngsten, für dessen Genesung sie wiederholt das allgemeine Kirchengebet sprechen läßt. Aber bei allem Jammer, den ihre Briefe athmen, verläugnet sie die frische Stimmung nicht. Vorzüglich ergötzt sie das Spiel ihrer muntern Katzen, denen sie wohl aus Liebe die Zähne ausbrechen läßt, um sie unschädlich zu machen. Monate lang leidet sie an kranker Hand; „nun denke ich, werden wir gute Freunde bleiben; ich kann mich von den Thieren nicht trennen, wie herzlich muß ich über ihr Leben lachen, obgleich ich tiefbetrübt bin." Wenn Wald und Flur sich beleben, zieht sie dann aus in die nächste Umgebung. In Begleitung ihres Predigers besucht sie die Gräfin von Rudolstadt, auch Schwansee, Jena und Roda sucht sie heim. In langen Briefen erzählt sie vom Kampf der Hirsche bei Hummelshain, vom Bau des lustigen Jagdhauses, wo sie oft und gern einkehrt, von den Jagdfreuden der Söhne, denen sie auf ihrem Pirschwagen zuschaut. Aber dabei verläßt sie der Gedanke nicht, „Wollte Gott" schreibt sie, Euer Lieb hätten dabei sein können.

Selten giebt es eine Correspondenz aus jener Zeit, die so reich an wechselvollen Stimmungen bei allen Wiederholungen und vorwiegend biblischem Gehalt uns so tief in das Leben einer Fürstin mit ihren großen Seiten und kleinen Schwächen einführt, als die Briefe Sybilla's. Nirgends documentirt sich größere Einfachheit und Anspruchslosigkeit. Ich danke Euch, schreibt sie ihrem Gemahl, für die goldene Kette, die mir aber nichts nütze ist, wonach ich all' mein Lebtage nicht gefragt habe. Hab auch E. Liebe zum neuen Jahr nichts geschenkt, weiß doch, daß auch E. Liebe nichts nach goldenen Ketten oder Kleinodien fragt. Fast jedes Document schildert die Leiden ihres Sehnens; aus ihnen sehen wir, wie sie im stillen Kämmerlein und in offner Kirche für seine Erlösung betet und „so recht vom Herzen" das Lied für seine Befreiung anstimmt. Dreimal wöchentlich läßt sie die Litaney singen und den Knaben ein Stück Brodes reichen, damit sie desto „frischer ihre Stimme erschallen lassen." An hunderten von Stellen spricht sie von der Nachfolge in die Gefangenschaft: In Begleitung einer einzigen Dienerin will ich Euch nachfolgen, mit dem kleinsten Winkel, den ihr mir gebt, will ich vor Lieb nehmen. Ich will, fährt sie fort, meinen Leib, der doch schwach ist und mein Leben daran setzen und alles was ich habe, ehe ich E. Gnaden verlasse. O könnt ich zu Euch kommen, in Euren Armen liegen, so wollte mein Herz wohl gesund werden.

Hat je eine Frau ihre Hoffnungen wach zu erhalten verstanden, so ist es Sybilla, die mit der Kraft des Gebetes die Anfechtungen der Muthlosigkeit bekämpft hat. Es wird doch eine Zeit kommen, schreibt sie mit dem Psalmisten, wo unser Mund voll Lachens und unsre Zunge voll Rühmens sein, wo man sagen wird: Der Herr hat Großes an uns gethan. Man sieht wohl, fährt sie fort, was Gebet thut, wie es dem leidigen Teufel wehrt, der uns in dem langwierigen Kreuz matt und müde machen will, wenn ers nur könnte der leidige Bösewicht. Sie vergleicht ihren Gemahl wohl mit Petrus, der endlich doch dem Gefängniß entkommen werde.

Aber trotz aller Stärke sind ihr zuletzt doch Zweifel gekommen, es hat Momente ihres tief bewegten Lebens gegeben, in denen sie trotz alles Kampfes unterlegen ist. Nun ist es fünf Jahr, schreibt sie, nun glaub' ich's nicht mehr, daß ich E. Gnaden wiedersehen werde, und wenn man mir's zu den Heiligen schwüre. Daher benn zum guten Theil ihr Haß, ihre Erbitterung gegen die Feinde, wovon sie erfüllt und durchdrungen ist. Das eben ist die gewaltige Verschiedenheit der Charactere, daß Johann Friedrich auch in dieser Beziehung auf der Höhe christlicher Anschauung steht. Nie ist eine harte Aeußerung über seine Lippen gegangen, nie hat er über die körperlichen Leiden und die Verhängnisse Gottes gegen seine Feinde triumphirend, gesprochen, während Sybilla jedem ungünstigen Ereignisse die Deutung der göttlichen Vergeltung unterbreitete. Wenn der Kaiser einmal am Stabe dahinwankt, schreibt sie, „Unser Herr Gott wird's wohl machen, er wird dem Tyrannen so viel zu schicken geben, daß er Euch und uns arme Christen wohl vergessen wird." So hat sie für alle andern Feinde ihre bestimmten Bezeichnungen. Die Herzogen von Rochlitz nennt sie kaum anders als den Teufelskopf, Markgraf Albrecht ist ihr der fromme Bösewicht, die Königin Maria ist die leibhaftige Mutter des Teufels. Art läßt nicht von Art, fügt sie hinzu, spanisch Art nie gut war. Gott wird ja das Blatt doch einmal umwenden, er wird dem Faß den Boden ausstoßen.

Und dabei verleugnet sie auch im Uebrigen den Geist ihres Jahrhunderts nicht. Geheime Künste stehen ihr höher wie die wissenschaftlichen Erfahrungen der Aerzte. Mit vielen Tausenden ihrer Zeit ist sie in den Händen von Quacksalbern. Wir haben schon angeführt, die fromme Bürgersfrau von Weimar ist ihr unentbehrlich, sie weiß mehr, äußert sie an einer Stelle, als zehn Doctoren wissen können. Welch unbegrenztes Vertrauen gehört dazu, daß sie neben den anerkannt berühmtesten Aerzten ihrer

Zeit doch eine Frau aus Freyburg kommen läßt, um den Höcker des jüngsten Prinzen zu curiren! Natürlich nicht frei von Aberglauben, behauptet sie, daß das Herabgleiten des Bildchens vom Halse nothwendig eine schlimme Vorbedeutung habe, oder daß eine schauerliche Winternacht der sichere Vorbote des jüngsten Tages sei. Mit Schrecken hat sie eines Morgens die Botschaft wahrgenommen, daß es im nahen Webicht Korn geregnet hat. Was wohl unser Herr Gott damit gemeint hat, fragt sie, und Johann Friedrich hat ihr dann geantwortet: Es soll ein Zeichen sein, daß unser Herr Gott die Seinen nicht verderben lassen wird.

Wunderbar, neben all' den Härten so recht ein Ausfluß ihrer Zeit, doch wieder jene weibliche, liebevolle, zarte Natur, die von Sanftmuth und Liebe überströmt. Wie ist Sybilla besorgt, daß sie in allem recht thut. Welch herrliches Verhältniß setzt es voraus, daß sie auch nicht das Geringste ohne Vorwissen ihres Gemahls thut. Selbst zu dem Geschenk, das sie einer Kammerjungfrau mit einem alt verbrämten Rock macht, soll der Gemahl sein „Ja" geben. „Denn Euch Gehorsam zu leisten in allen Dingen bin ich von Herzen schuldig." Wie schmerzt es ihr, daß sie all seine Geschenke unerwiedert lassen muß. Nie hat eine Frau größeres Gewicht auf die äußern Bezeigungen gelegt, als Sybilla, aber auch nie mag eine Fürstin einfacher und dürftiger gelebt haben als sie. Nehmt die Granaten aus fremden Landen, es ist Alles was ich habe, damit ich doch etwas thue für Eure Güte. Wollte Gott ich könnte der Bote dazu sein! Dabei dann wieder jener neckende Humor, mit dem sie ihm Wild und Geflügel sendet, und scherzhaft hinzufügt: „damit Euch das Bäuchlein nicht verderbe." Auf der andern Seite ist sie bei aller Dankbarkeit für die Geschenke,—und wenn's die Stecknadel wäre, die wolt ich werth halten, — doch ungehalten, daß er ihr sein Conterfei sendet: Das hätte's nicht bedurft, weil ich E. Gnade nicht vergesse noch vergessen kann.

Was mag Sybilla in heitern Tagen des Lebens gewesen sein, wo Sorgen und Kummer ihr fern standen!

Nun krank oft bis zum Tod, hat sie gerade in den schwierigsten Verhältnissen beurkundet, daß sie eine Fürstin und Frau im vollsten Sinne des Wortes gewesen ist. Unter Schmerzen hat sie sich in einer Sänfte zur Kirche hinab tragen lassen, um ihr Gebet an rechter Stelle für die Befreiung ihres Gemahls zum Himmel emporzusenden. Kummervoll hat sie am Krankenlager des Jüngsten die Nächte zugebracht und am frühen Morgen mit zitternder Hand doch scherzend die Worte von sich schreiben können: Unkraut birbet nicht! Herrliche Stärke, die auch unter den mannichfaltigsten Anfechtungen heitern Sinnes sein kann! Theilnehmend an allem, was die Zeit bewegt, hat wohl keine Frau in ähnlichen Lagen des Lebens so aufmerksam den Gang der politischen Ereignisse verfolgt, als Sybille. So weit es ihre isolirte Stellung gestattete, ist sie jeder Zeit gut unterrichtet gewesen. Ihre Briefe geben davon die trefflichsten Beweise. Jede Wendung berichtet sie, ihre politischen Berichte enthalten anziehende Details über die Belagerung Magdeburgs, genau weiß sie, wie viel Feinde gefallen, wie der tapfere Haufe hinter den festen Mauern doch endlich siegreich den Kampf bestehen werde. Ich halte es nicht dafür, schreibt sie, daß es Menschenhände sind, die so tapfer darein schlagen, es sind gewißlich Gottes Hände. Aber unter all den Betrachtungen und Wünschen ist doch immer der der vorzüglichste geblieben: Ich will auf Erden nichts lieberes als eine fröhliche Botschaft Deiner Erlösung. Wenn ich gleich halb todt krank, so däucht mich, ich würde gesund. Hilf Du dazu Du treuer ewiger Gott.

So hat sie gedacht, gelebt, hoffend und wieder ohne Hoffnung, im ewigen Wechsel der Stimmung, hat sie fünf Jahre ihres Lebens dahin gebracht. Als die erste Botschaft von der Befreiung Johann Friedrichs in das weimarische Schloß gelangte, hat sie lange in tiefem Gebet ihrem treuen Gott gedankt. Dann hat sie versucht, ihrem Herrn und Gemahl zu schreiben. Aber vor Freuden hat sie die Feder zur Seite legen müssen. Nun hatte das Schicksal seine Prüfung beendet.

Aber noch Monate seit dem Freudenbericht aus Innsbruck

mußten dahingehen, ehe sie ihren Gemahl umschließen konnte. Was er in Innsbruck und Villach noch erlebte, mochte sie am wenigsten geahnet haben. Denn die Fäden der Politik, die der Kaiser doch noch in der Hand hielt, waren für sie unsichtbar.

X.

Innsbruck und Villach[1]).

Es war am 21. October 1551, als Johann Friedrich zum zweiten Male aus Augsburg hinwegzog. Die Zeiten waren nicht dazu angethan, daß er an eine Aenderung seines Geschickes hätte glauben dürfen; aber wie nie, hat ihn die Hoffnung auch hier nicht verlassen. Mit Thränen im Auge reichte ihm Ulrich Welser die Hand. Zieht mit Gott, sprach er, der wird euch nicht verlassen.

Langsam, an jedem Abend rastend, zog Johann Friedrich weiter und weiter dem Süden zu. Nur in München war ihm längerer Aufenthalt verstattet, wo er am 28. Oktober ankam. Dort hat mich Herzog Albrecht in meiner Herberge aufgesucht, schrieb er, auch seine Mutter ist kommen, wir sind lustig und guter Dinge gewesen. Bewundernswerthe Stärke, die nichts zu erschüttern im Stande ist! Endlich am 31. October zog er in Innsbruck ein. Nahe bem Markt in einem Eckhaus richtete er

---

[1]) Auch für diesen und den folgenden Abschnitt sind Rechnungen, Correspondenzen und die bei Hortleber gedruckten Actenstücke III. Buch Cap. 88. pag. 940 u. f. (Ausgabe von 1645) meine vorzüglichste Quelle. Natürlich blieben Rankes Forschungen, die auch im Detail durch eine wunderbare Genauigkeit sich auszeichnen, nicht unbenutzt. Uebrigens ist zu bedauern, daß sämmtliche Rechnungen aus der Gefangenschaft von Innsbruck und Villach fehlen. Sonst wären wir auch hier auf das Leben Johann Friedrichs tiefer eingegangen.

sein Hoflager ein. Ihm folgte der Kaiser, der schwach, auf einer Sänfte getragen am 2. November seinen Einzug hielt. Nie hat Johann Friedrich in bestimmterer Weise die Hoffnung auf seine Rückkehr kund gegeben als dort. Gott soll mich, schrieb er, nicht eher sterben lassen, als bis ich zu Wolfersdorf mit Freuden sein werde. Und dabei hat er denn wohl den Wunsch ausgesprochen, daß mit der Zeit auch eine Kirche und eine Uhr dahin kommen soll, als ob er geahnt, daß er dort noch seinem Gott für die Erlösung danken könne.

Schon war die große Wendung in der Politik Herzog Moritzens eingetreten. Lange Zeit ist darüber hingegangen, ehe darüber geheimnißvolle Kunde von Weimar aus bei Johann Friedrich eintraf. Gerade daß eine Umkehr von dieser Seite erfolgt, machte ihn behutsam; nirgends ist er es mehr gewesen als hier. Aber er dachte doch der kommenden Frage, ob er sich mit gutem Gewissen an Herzog Moritz anschließen dürfe; merkwürdig genug, er hat es verneint, weil der Kaiser die Religion nicht beschränken wolle.

Eine politische Seite der Frage, obwohl zunächst die vorzüglichste, hatte für ihn keine Bedeutung. Um sicher zu gehen, ließ er seinen Hofprediger Goldschmidt von Weimar kommen, der, um Alles recht geheim zu halten, sich für einen Schreiber ausgeben mußte. Mit ihm mag er die Dinge berathen haben. Man sieht, auch er erfaßte die Pläne des geheimnißvollen Moritz nicht.

Rasch nahm die Bewegung Moritzens einen großartigen Character an. Die Ausschreiben, die im März 1552 in ganz Deutschland sichtbar waren, mochten zeigen, daß es sich mit nichten bloß um die Befreiung des Landgrafen handelte. Von Johann Friedrich war gar nicht die Rede. Alles zusammenfassend darf man sagen, die Bewegung arbeitete hin auf die völlige Umwandlung des kaiserlichen Regiments, wie es seit dem Schmalkaldischen Krieg aufgetreten und Deutschland in eine spanische Provinz umzuwandeln gesucht hatte.

Wohin sich der Kaiser wandte, alle Rettung schien zweifelhaft. Nur eins schien noch möglich, durch die Clause nach Ulm zu entkommen, von dort auf dem Rhein die Niederlande zu erreichen. Mit wenigem Gefolge und Johann Friedrich brach er im Mitternachtsdunkel gehüllt nach der Clause auf. Aber vergebens: Schon war Churfürst Moritz in Begriff Füssen zu besetzen; ohnfehlbar wäre der Kaiser in seine Gefangenschaft gerathen, wenn er seinen Weg fortgesetzt hätte. Eilends kehrte er nach Innsbruck zurück. Da kam ihm die freundliche Beziehung seines Bruders Ferdinand zum Herzog Moritz zu statten, der noch in seinem Land einen Tag zu Linz zur Unterhandlung angesetzt hatte. Vielleicht, daß von dieser Seite sich ein Ausweg eröffnete. Und wirklich, so weit immer die Sache gediehen war, König Ferdinand rettete den kaiserlichen Bruder; er bewog den Herzog zu einem Waffenstillstand. Da fand der Kaiser Zeit; allmählich sammelten sich seine Truppen. Aber auch Moritz zögerte nicht. Losgehend auf den vorzüglichsten Musterplatz des Kaisers sprengte er die dort angesammelten Landsknechte den 18. Mai auseinander und da die Clause nicht vom Feind vertheidigt, stand ihm der Weg nach Innsbruck zum Kaiser offen.

Indessen war seit Anfang Mai in Johann Friedrichs Lage eine wesentliche Veränderung eingetreten.

Die Gerüchte, die aus des Kaisers Umgebung zu ihm drangen, durften wohl eine günstige Vorbedeutung haben, obwohl sie für Johann Friedrich nicht das waren, wofür er sie in Wahrheit wenigstens diesmal hätte nehmen können. Er hielt nicht viel von Gerüchten; die Zweideutigkeit an jenem Hof war zu groß, von ihm hatte er einst die richtige Bemerkung gemacht: „Von diesem spricht man und jenen meint man."

Es läßt sich nicht läugnen, die stille Achtung des Kaisers für Johann Friedrich war wohl begründet, dessen Haltung während der Gefangenschaft hatte ihn zur Bewunderung hingerissen. Er hätte den Gefangenen sicher los gelassen, wenn der Landgraf von Hessen nicht gewesen wäre, auf den er den furchtbarsten Haß geworfen hatte. Hatte der Kaiser sich doch noch im März vernehmen lassen, er wolle den Leib des Landgrafen in zwei Theile zerlegen lassen und diese den Parteien zuschicken, die so trotzig seine Freilassung gefordert hätten.

Da kam am 7. Mai König Ferdinand nach Innsbruck. Wenige Tage nachher — unzweifelhaft auf des Königs Betrieb — erschienen in den Morgenstunden des 12. Mai Granvella und Dr. Selb bei Johann Friedrich. Sie eröffneten ihm, daß wie auch die nach Passau ausgeschriebene Verhandlung ausfallen möchte, der Kaiser des gnädigen Willens sei, ihn seiner Gefangenschaft zu entledigen.

Am 19. Mai Nachmittags lief die Kunde in Innsbruck ein, daß die kaiserlichen Truppen in Reitti zersprengt, die verbündeten Fürsten sich der Clause bemächtigt hätten. Sofort stand der Entschluß des Kaisers fest, Innsbruck zu verlassen. Wer weiß was geschehen wäre, wenn Moritz durch eine plötzliche Unzufriedenheit seiner Truppen nicht verhindert gewesen wäre, den Kaiser im 10 Meilen entfernten Innsbruck aufzusuchen.

Kurz nach Eingang dieser Nachricht beschied er Johann Friedrich zu sich. Im Garten seines Pallastes ging er dem Gefangenen entgegen, die Hand reichend nahm er ihn zur Seite und führte ihn in das nahe Lusthaus, wo er mit ihm eine längere Unterredung hatte, deren Inhalt leider nicht bekannt geworden ist. Wenige Stunden nachher war ihm verkündet, daß er seiner strengen Haft entlassen, dem Kaiser aber bis auf Weiteres freiwillig nachfolgen solle.

Noch an demselben Abend brach der Kaiser auf; bei stürmischer regnerischer Nacht zog er umgeben von brennenden Windlichtern mit wenigem Gefolge über das Gebirg nach Villach.

Des andern Morgens am 21. Mai früh 2 Uhr zog Johann Friedrich desselben Wegs. Von seiner treuen Dienerschaft begleitet, seit Jahren zum ersten Male ohne kaiserliche Leibwache, erscholl sein geistliches Danklied hinein in die düstre Nacht. Was er von seinem Gott in stiller Ergebung erwartet, schien sich nun zu erfüllen.

Ueber Störzing ziehend stieß Johann Friedrich unfern Linz auf den Kaiser, der von seinem Leiden befallen in einer Sänfte daher getragen wurde. Entblößten Hauptes nahte sich ihm Johann Friedrich und dankte für das gnädige Bezeigen. Der Kaiser wiederholte ihm in deutscher Sprache die Versicherung seines freundlichen Willens.

Von da zogen beide zusammen gleichsam im Fluge durch die unwegsamen Gebirge. Hinter sich die Brücken abbrechend erreichten sie am 28. Mai Abends 9 Uhr Villach.

Vor allem kam es nun für das weitere Schicksal Johann Friedrichs darauf an, welchen Ausgang die Verhandlungen zu Passau hatten, die am 26. Mai zur Aussöhnung des Kaisers mit Herzog Moritz und den verbündeten Fürsten eröffnet worden waren.

Und da war es nun höchst wichtig, daß Herzog Moritz zweierlei forderte, dem die Anwesenden ihre Zustimmung ertheilten: das völlige Aufgeben jener Bestrebungen des Kaisers, wie sie sich in dem Concil zu Trient gegipfelt hatten und einen von ihm zu garantirenden allgemeinen Frieden, der die Evangelischen vor allen religiösen Anfechtungen sicher stellen sollte.

Wie hätte das der Kaiser zugeben sollen, der der Durchführung seiner Idee mit einem Male den furchtbarsten Widerstand entgegengestellt sah. Sein Leben hatte er daran gesetzt, und nun stand der Protestantismus wieder auf dem Puncte, wo er vor 8 Jahren in ununterbrochener Entwickelung auf dem Gipfel seiner Macht angekommen war.

Und bei weitem schlimmer war es jetzt, wo selbst die anwesenden catholischen Fürsten an der Fruchtbarkeit des Concils, wie es in Trient beisammen gewesen, unumwunden ihren Zweifel kundgaben. Auch ihnen galt es eine Form zu finden, unter der der abendländischen Christenheit ein Friede, ein Nebeneinanderleben garantirt werde, ohne die Oberhoheit des Papstes als Norm gelten lassen zu müssen.

Und indeß man sich so in dem wesentlichen Puncte verständigte, kam man auch über die andern Schwierigkeiten hinweg. Vorzüglich beschloß man, den noch in strenger Haft gehaltenen Landgrafen von Hessen auf freien Fuß zu setzen; von Johann Friedrich, der als Gefangener nicht mehr gelten konnte, war gar nicht die Rede. Herzog Moritz trieb zur Entscheidung. Man gab den Willen der Versammlung dem Kaiser kund, an ihm lag es nun, den Vorschlag anzunehmen oder zu verwerfen.

Wie kaum zu zweifeln, wer ihn kennt, er war weit entfernt, zuzustimmen. Nur durch ein allgemeines Concil hoffte er den religiösen Hader Deutschlands zu beseitigen, und noch weniger dachte er an die Bewilligung eines allgemeinen Friedens, mit dem All' jenes, was er mit unendlicher Mühe erreicht, das Interim und die Beschlüsse des letzten Reichstags zu Grabe getragen wurden. Lieber wollte er aus Deutschland hinaus gehen als sich diesen Zügel anlegen lassen. Seine Bewilligung ging nicht weiter, als daß er die Frage einem neuen Reichstag zur Berathung unterbreiten werde, wie der Zwiespalt erledigt und der Friede „mit Sr. Majestät ordentlichem Zuthun" erhalten werde.

Die Stände in Passau befanden sich in verzweifelter Lage. Sie thaten das Ihre, daß Herzog Moritz, der in banger Besorgniß hinweggeeilt war, um die sich allmählig sammelnden Truppen des Kaisers zu zerstreuen, den Vertrag annahm.

Gerade mit der Belagerung von Frankfurt beschäftigt, wo sich Dank den kaiserlich freundlichen Gesinnungen der Stadt die Haufen des Kaisers gesammelt, traf die Proposition des Kaisers bei Moritz ein. Ohnehin nicht glücklich gegen die Stadt, die auf seine Aufforderung sich zu ergeben ihm spöttisch geantwortet, „er möge zunächst fromm werden und die Judasfarbe ablegen," entschloß sich Moritz am 29. Juli den Vertrag anzunehmen, die Waffen gegen den Kaiser niederzulegen.

Vergegenwärtigen wir uns, was ihn dazu bewog, denn Johann Friedrichs Person war und blieb auch hier eines der vorzüglichsten Motive seiner Handlung.

Es kam nicht von ungefähr, daß Johann Friedrich in Innsbruck nicht in völlige Freiheit gesetzt wurde. Angesichts der Verhältnisse blieb seine Person immer ein Gegengewicht gegen Herzog Moritzens feindliches Beginnen. Die Anfrage, welche Johann Friedrich in Passau auf Betrieb des Kaisers stellte, wie wir aus seinem Munde wissen, bezeichnete genau, daß der Kaiser nichts Geringeres in Absicht hatte, als den Herzog zu ächten, wenn er die Feindseligkeiten nicht einstellte. Nahm dieser den Vertrag nicht an, so war für ihn zu befürchten, daß der Kaiser Johann Friedrichen in Freiheit setzte und ihm Land und Leute wieder zuwies, die an Herzog Moritz durch die Wittenberger Capitulation übergegangen waren. Nahm er den Vertrag an, so war sein churfürstlicher Stand und seine Erwerbungen gesichert, die Freiheit des Landgrafen erzielt.

Wer vermag zu sagen, was sich an die Nichtannahme des Vertrags für Johann Friedrichs weiteres Schicksal und die ernestinischen Lande überhaupt geknüpft hätte!

Hocherfreut vernahm König Ferdinand die Kunde, daß sich Moritz gefügt habe. Denn an dieses Ereigniß knüpfte sich eben, daß er mit bedeutendern Streitkräften das durch die Türken bedrohte Ungarn im Verein mit Herzog Moritz sichern konnte, der bereits früher dem König seine Hülfe zugesagt hatte.

Schon bereute der Kaiser, daß er den Vertrag eingegangen. Lazerus v. Schwendi hat ihn wohl daran gemahnt, daß sein Ansehen sich gehoben, die Zeit da sei, wo er die Feinde züchtigen könne [1]). Alles Ernstes hat er daran gedacht, gegen Moritz zu Felde zu ziehen; nie ist König Ferdinand mehr erschrocken gewesen als jetzt, wo er des Herzogs in Ungarn bringend bedurfte.

So entschloß sich auch der Kaiser zur Vollziehung des Vertrags. Aber nur die Rücksicht auf Eure besondere Lage, schrieb er an Ferdinand, Euer Königreich und Lande haben mich dazu bewogen.

Und nun zog Moritz Ungarn zu. Zum Dank für die Hülfe arbeitete Ferdinand darauf hin, daß der Kaiser den gefangenen Johann Friedrich nicht eher entließ, bis Moritzens Vertrag mit dessen Söhnen die kaiserliche Bestätigung erhielt, die die neuen Erwerbungen Herzog Moritzens vollkommen sicher stellten.

---

[1]) Lanz Correspondenz Karl V. III. p. 484. u. f.

So diente Johann Friedrichs Persönlichkeit auch den entferntesten Verhältnissen.

Während der Vertragshandlung zu Passau hatte er den Kaiser zu wiederholten Malen um seine Erledigung ersucht. Aber in wie freundlichem Verhältniß er auch zu dem Kaiser in Villach stand, — wir wissen aus seinem eignen Munde, daß er befragt, ihm seinen Rath in den sorglichen Zeitläuften nicht vorenthielt, — über den Tag seiner Erledigung vermochte ihm der Kaiser selbst nichts mitzutheilen.

So lange sich nicht entschied, ob Herzog Moritz in weitere Kämpfe mit dem Kaiser verwickelt werde, konnte von Johann Friedrichs völliger Freilassung nicht die Rede sein; von diesen Verhältnissen, wie ihm der Kaiser so oft wiederholte, werde die Entlassung in die Heimath abhängen.

Von jener Zeit an unterließ Johann Friedrich seine Gesuche. Wir warteten, sagte er auf dem Landtag zu Saalfeld der Stunden, die Gott gnädiglich geben und verleihen wird, in Geduld und Anrufung.

Ruhig harrte er, bis die Verhältnisse mit Herzog Moritz sich völlig geklärt hatten. Bis in den Anfang August hinein hatte König Ferdinand wiederholt den Kaiser gebeten, Johann Friedrich nicht zu entlassen[1]). Als die Nachrichten aus Ungarn trüber lauteten, wurde der Landgraf entlassen, Ferdinand und Moritz wandten sich gegen die bedrohte Grenze Ungarns, der Kaiser selbst gegen den König von Frankreich.

Indem er raschen Zuges die Alpen verließ, langte er gegen Ende August mit Johann Friedrich in Augsburg an. Es ist kein Grund mehr vorhanden, schrieb er an Ferdinand, den Gefangenen nunmehr länger festzuhalten.

Am 26. August sandte er an Johann Friedrich den Bischof von Arras und Dr. Selb mit dem Antrag, daß der Gefangene den Beschlüssen eines künftigen Concils oder eines Reichstags in Ansehung der Religion Folge leisten und die Verträge mit Moritz

---

[1]) S. Lanz Corresp. III. Schreiben v. 8. Aug. 1552 und viele vorhergehende.

anerkennen und halten wolle, wofür ihm die Entlassung zugesichert werden sollte. Zu dem letzten Punkte entschloß sich Johann Friedrich, obwohl schweren Herzens; aber unbeugsam zeigte er sich der ersten Bedingung gegenüber. Fest und unerschrocken wie immer hat er gesagt: er gedenke bei der Lehre, die in der Augsburgischen Confession enthalten sei, bis in seine Grube zu bleiben. Da hat denn der Kaiser endlich davon abgesehen. Johann Friedrich versprach wegen der Religion kein Bündniß zu schließen, noch die, welche der päpstlichen Religion zugethan wären, mit der That zu beschweren.

Nachdem der Kaiser die Urkunde hierüber, — wie Johann Friedrich meinte zum Ueberfluß — ausgefertigt, entbot er ihn am 1. September zu sich. Voll Dankes und mit all der Ehrerbietung, die Johann Friedrich auch in den unglücklichsten Tagen vor seinem Herrn und Kaiser bezeigt, nahte er sich ihm. Der Kaiser entließ ihn mit der Erklärung, daß er sich während seiner Gefangenschaft aller Gebühr und Gehorsams gehalten, er hoffe, Johann Friedrich werde auch fortan ihm Ursache geben, sich noch weiter mit Gnaden zu erzeigen. Dankend schied Johann Friedrich und zog seinen Herrn und Gott lobend am 2. September froh des Wegs seiner Heimath zu.

XI.

Die Rückkehr[1]).

Dem reitenden Boten, der an Sybilla und die Söhne die frohe Botschaft brachte, folgte er über Donauwörth selbst. Glaube

---

[1]) Die Beschreibung der Rückreise nach bei Hortleber gedruckten Actenstücken und Rechnungen des Weim. Gesammtarchivs.

der Meldung unserer Söhne, daß mich mein Gott errettet hat, schrieb er an seine Gemahlin. Es war der kürzeste Brief, den er je nach Weimar gesandt hatte. Am 4. September langte er in Nürnberg an. Weit hinaus sandte ihm der Rath der Stadt 40 Reiter entgegen, um seinen Glückwunsch darbringen zu lassen. Jauchzend zog ihm die Menge Stunden weit entgegen, sein Eintritt glich einem Triumph, mit dem er in das alte schöne Nürnberg einzog.

Nach zweitägiger Rast, reich beschenkt, zog er am 6. September weiter nach Bamberg. Schon dort, wo er vom Bischof herrlich empfangen und bewirthet wurde, zog ihm eine Schaar von Johann Ernst, seinem Halbbruder, entgegen, mit der er am 7. September unfern Coburg im Felde zu ihm stieß. Es war der erste, der ihn wiedersah; nun war sein Wahlspruch „ich traue Gott" erfüllt. Unter dem Donner des Geschützes der Burg und der Stadt mitten in dicht gedrängten Massen zogen sie unter dem Jubel des Volks ein. Zwischen Spalieren, gebildet von den Bürgern in ihrer feierlichen Rüstung, zog Johann Friedrich entblößten Hauptes vom Markt der Ehrenburg zu. Dort standen die Knaben und die Mädchen mit ihrem fliegenden Haar, geschmückt mit Rautenkränzlein. Weit hin erscholl ihr „Herr Gott dich loben wir," dem der alte Herr entblößten Hauptes dankend und voller Rührung zuhörte.

Am 10. September traf Sybilla mit dem ältesten Sohne in Coburg ein. Welch ein Wiedersehen war das, ohnmächtig lag sie in seinen Armen; nun war doch in Erfüllung gegangen, woran sie wiederholt gezweifelt hatte. Drei volle Tage war die Stadt in festlicher Stimmung, von weit und breit zog man herbei, um den Fürsten zu sehen und zu beglückwünschen.

Am 13. September brach man auf. Ueber Hütten-Steinach, wo sie ein fröhliches Mittagsmahl hielten, gelangten sie am Abend des folgenden Tages nach Saalfeld. Auch hier wiederholten sich die Feierlichkeiten, wie in Coburg. Der Rath der Stadt verehrte ihm der Sitte gemäß Wein und Bier, Fische und Hafer, und überreichte eine goldne Schnur. Musik und Ge-

fang, alles in festlicher Stimmung mochte dem Churfürsten zeigen, wie sein Volk seine Rettung ersehnend für ihn Jahre lang
inbrünstige Gebete zum Himmel emporgesandt hatte. Das Wogen der Massen, Jubel und Gesang wollten kein Ende nehmen.
Bis in die späte Nacht war das Rathhaus umlagert, wo Johann Friedrich mit seiner Gemahlin das Hoflager aufgeschlagen
hatten.

Dann ging es weiter, wohin sein Herz längst verlangt,
zum neuen Jagdhause bei Wolfersdorf. Als er um den Berg
bog, lag vor ihm der freundliche Wiesengrund, auf dem sich das
trauliche Schlößlein emporhebt. Die Zinnen der Thürmchen er-
glänzten in abendlicher Sonne, die eben ihre letzten Strahlen
über den Spiegel des belebten Wassers dahingleiten ließ. Endlich rollte der Wagen über die Brücke zum festlich geschmückten
Hofraum, in dem jubelnd die Menge von Nah und Fern das
Heil der fröhlichen Wiederkunft verkündete.

Seit jenem Tag, am 15. September 1552, ist dieser friedlich stillen Einsamkeit dieser Name geblieben.

Wer vermag zu sagen, was in Johann Friedrich vorging,
als an ihm die Zeiten vorüber eilten und er eintrat in jene
Zimmer, wo ihn Alles an die Tage von Brüssel erinnerte.

In stiller Stunde schaarte er die Seinen um sich. In feierlicher Andacht, zu der sein Hofprediger Stolz von Weimar her-
über geeilt war, hob er seine Hände empor zu seinem Herrn;
mit Lob und Dank seines himmlischen Vaters hat er dort das
neue Leben begonnen; das war die Weihe dieser Stätte.

Fünf volle Tage weilte er im lustigen Bau, wie er in jener Zeit so oft genannt worden ist. Berg und Wald wurden
von ihm durchstreift, in frischer heimathlicher Luft belebte sich
von Neuem die lange entbehrte Jagdlust, an der auch Sybilla auf
ihrem Pirschwagen freudigen Antheil nahm. Von nah und fern
suchte man ihn auf in dieser Einsamkeit. Fast kein Tag verging,
wo nicht Glückwünschende mit ihrem Geschenke eingetroffen wären.
Selbst von Augsburg kam sein treuer Doctor Achill, der diese Tage
hier und in Hummelshain fröhlich mit durchlebte. Nie ist ein

regeres Leben im kleinen Wolfersdorf sichtbar gewesen als in dieser Zeit. Wir zählen einmal 127 Pferde, die an einem Tage dort untergebracht waren. Gern, oft freudig ist Johann Friedrich mit frohen Erinnerungen an diese Stunden in das Schloß zurückgekehrt[1]).

Am 21. September früh verließ er die fröhliche Wiederkunft. Nach zweitägigem Aufenthalt in Hummelshain zog er über die Waldesstelle nahe bei Wöllnitz, der aus jenen Tagen der Name „Fürstenbrunnen" geblieben ist, nach Jena, von wo er am 26. September gefeiert als Fürst, verehrt als Martyrer seines Glaubens in Weimar seinen feierlichen Einzug hielt.

XII.
Verfall und Restauration der fröhlichen Wiederkunft[2]).

Johann Friedrich hatte die Spanne Zeit, welche ihm zu leben noch vergönnt war, oft benutzt, auf seiner „fröhlichen Wiederkunft" einzukehren. Er liebte den Aufenthalt, wie aus einer Reihe seiner Entschließungen hervorgeht, in denen er auch anordnete, daß die Schindelbachung der Thürme[3]) allmählig abge-

---

[1]) Die Rechnungen weisen genau nach, wie man hier lebte. Als culturhistorische Notizen lassen wir nur einige Bemerkungen einfließen. Im Ganzen kostete der Aufenthalt 146 fl. 18 gr. 8 Pf. nämlich: 74 fl. 16 gr. 6 pf. Küche, 6 fl. 2 gr. 8 pf. Keller, 7 fl. 18 gr. Speisekammer, 5 fl. 10 gr. Kammer, 52 fl. 14 gr. 6 pf. Extraausgaben. Im Ganzen wurden für die Pferde 122 Scheffel 6 Maß Hafer verbraucht. Als man wegzog, waren vorräthig 2 Rinder, 178 grüne Forellen, 119 a. Fische, 116 Karpfen.

[2]) Nach zerstreuten Notizen im Ernest. Gesammtarchiv, Inventarien und sonstigen Schriften und Notizen, die mir durch die besondere Güte des Herrn Kammerherrn v. Köthe zukamen.

[3]) 1567 waren nur noch 3 Thürme mit Schindelbachung versehen.

nommen und durch Schiefer ersetzt werde. Leider erlebte er die Durchführung seiner Anordnungen nicht; am 2. März 1554 folgte er seiner treuen Sybilla ins bessere Jenseits.

Seitdem übernahmen die Söhne, Johann Friedrich der M., Johann Wilhelm und Johann Friedrich der Jüngere die besondere Fürsorge für das Schloß, das seit der Rückkehr des Vaters zwar einfach aber doch wohnlich und mit allen Bedürfnissen, die ein meist nur kurzer Aufenthalt erforderte, ausgerüstet war. Kurz nach dem Tode des Vaters hatten die Söhne so zu sagen das Schloß unter sich getheilt, jeder von ihnen hatte bestimmte Räumlichkeiten, die bei ihrer jedesmaligen Ankunft eingenommen wurden. Lange Zeit hat diese Einrichtung sich erhalten, auch das Zimmer der Herzogin Sybilla bestand noch fort, selbst als Johann Friedrich d. M. längst nicht mehr in den Bergen Thüringens weilte und in kaiserlicher Gefangenschaft sein Leben dahinbrachte.

Wie schon aus der Geschichte des Baues hervorgeht, hatte das Schloß bedeutende Räumlichkeiten. Es bestand aus 13 eingerichteten Stuben und 21 Kammern und war auch für einen langen Aufenthalt berechnet, wie die Canzlei und Schoffereiräumlichkeiten zur Genüge beweisen. Außerdem war für das übrige fürstliche Gefolge hinreichende Sorge getragen. Es gab wie in jedem Schlosse damaliger Zeit eine Einrosserstube, Hofmarschallstube, Jägerei- und Thorwärterwohnung, und neben der großen Eßstube, die in der bisherigen Wohnung des Försters war, bestand auch eine Brot-, Roll- und Silberkammer.

Gegenüber diesen bedeutenden Räumlichkeiten stand die innere Einrichtung in merkwürdigem Verhältniß. Ein 1564 aufgenommenes Inventar weist nach, daß im Grunde das Meublement in nichts als in einfachen runden oder langen hölzernen Tischen und Bänken,[1]) Spanbetten, Schränken und Schubbetten bestand, wovon nur einige Tische mit einem Teppich oder weißem

---

[1]) Wir zählen 1564. 51 Tische, 51 Spanbetten, 43 runde und lange Bänke, und 5 Schenk- und Credenztische.

Tuche versehen waren. Nur vor einzelnen Fenstern waren grüne oder schwarze Vorhänge angebracht und einen anderen Schmuck, als die an den Wänden angebrachten Hirschgeweihe und die wenigen Bilder,¹) die sich noch aus Johann Friedrich d. Ä. Zeit erhalten hatten, besaß die fröhliche Wiederkunft nicht.

Dagegen war das Schloß reich an Trinkgeschirren, die in allen Formen des 16. Jahrhunderts vertreten waren. Einfache Gläser, Krüge mit und ohne Deckel, vorzüglich Trinkgefäße von Zinn in allen Größen mit Gesichtern und Wappen bis hinauf zu den mächtigen Humpen und dem Willkommen waren in Massen vorhanden, wie denn überhaupt auch das gewöhnliche Tafel- und sonstiges Geschirr, wie die zahlreichen Teller, Leuchter und Becken beweisen, aus Zinn und Messing bestand und das in allen Zimmern, in den Kästen der Sitzbänke oder über Thüren und Oefen aufbewahrt wurde. Dies sowohl als die Menge von Betten, deren 1564 noch 122 vorhanden waren, lassen auf den bedeutenden Verkehr auf der fröhlichen Wiederkunft einen Schluß ziehen. Jedenfalls steht so viel fest, daß eine Menge fremder Fürsten in dieser wie in späterer Zeit von Weimar oder Altenburg aus das Schloß besuchten und den Freuden des Jagdlebens sich hingaben.²)

Bis in die Zeiten der Landestheilung hin darf man sagen ist die fröhliche Wiederkunft in beständiger Entwickelung begriffen. Den besten Beleg hierfür bildet ein Inventarium, welches vom Schosser zu Leuchtenburg 1574 aufgenommen worden war, und aus welchem hervorgeht, daß nicht allein das Schloß erweitert und die innere Ausstattung bedeutenden Zuwachs erhal-

---

¹) In Johann Friedrichs d. Mittl. Stube 3 gemalte Tücher mit Hirschen und anderm Wild, in der Kammer daneben das Bild, worauf Johann Friedrich d. Ä. als Schachspieler abgebildet ist. In Johann Friedrich d. Jüngern Stube hingen 3 Bilder, deren Gegenstand das Inventar nicht gedenkt, so daß also nur 7 Gemälde vorhanden waren. Anders das Inventar von 1574 worauf wir gleich zurückkommen werden.

²) 1563 war z. B. der Herzog von Pommern anwesend, noch früher der Pfalzgraf bei Rhein, 1564 war der Pfalzgraf ebenfalls da. 1565 war der Markgraf von Brandenburg anwesend.

ten, sondern daß auch wesentlich neue Gegenstände zur Verschönerung des Schlosses Aufnahme gefunden hatten.¹) Dahin gehören unter anderm die zahlreichen Hirschgeweihe, die im untern Raum und in einzelnen Zimmern aufgehängt waren und woran zu der Zeit solcher Ueberfluß war, daß eine große Anzahl auf dem Boden²) aufbewahrt wurde. Bei weitem wichtiger erscheint die Frage, über die Ausschmückung des Schlosses mit Bildern. Während 1564 nur 7 aufgeführt werden, kennt das Inventar von 1574 schon 17 verschiedene³) und dies dürfte der beste Beweis sein, daß auch der äußere Zustand der fröhlichen Wiederkunft beachtet und erhalten worden ist, wie denn auch einige Andeutungen von Reparaturbauten noch im Laufe des 17. Jahrhunderts vorhanden sind⁴). Andrerseits läßt sich die Bemerkung nicht unterdrücken, daß in vieler Beziehung nicht allein eine Verschlechterung des Inventars, sondern auch eine Abnahme durch Verschleppung und üble Behandlung fühlbar wurde.

Lange Zeit hindurch liegt über dem Schicksal der fröhlichen Wiederkunft ein dichter Schleier, den die sorgfältigsten Nachforschungen in den Landesarchiven zu lösen bisher nicht im Stande gewesen sind. Da plötzlich taucht im Jahr 1680 ein Inventar und ein Bericht auf, der sowohl im Aeußern als im Innern des Schlosses die Vorboten des traurigen Verfalls ankündet. In kurzer Zeit besuchte Herzog Christian das Schloß 2 Mal, konnte

---

¹) 1574 zählen wir 66 Tische, 41 Bänke, 7 Himmelbetten, 13 Schubbetten, 40 Spanbetten, 7 Schränke, 5 Schenk- und Credenztische.

²) 52 Stück.

³) Bemerkenswerth ist, daß das Inventar 7 Gemälde aufführt, welche während der Custodia Johann Friedrichs von Sybilla hierher geschafft worden sind. Außer diesen 7 sind noch angeführt, die Hirschjagd, Johann Friedrich als Schachspieler und die 7 Tugenden, letztere im Erker, die wie bekannt alle während der Periode nach dem Bau nach der fröhlichen Wiederkunft kamen. Wir dürfen also eine Ungenauigkeit in der Angabe voraussetzen. — Jedenfalls kamen in der Zeit von 1564—1574 noch 5 Bilder hinzu, deren Gegenstände aber nicht genannt sind.

⁴) 1605 wurde das Haupthaus neu mit Ziegeln bedacht, Pferdestall und Badestube ausgeschaalt, Fluthbett und Brücken reparirt. Geh. Staatsarchiv zu Weimar. Der Bau war auf 132 fl. 10 gr. 2 pf. veranschlagt.

aber wegen Mangel an Wasser sich daselbst nicht aufhalten und mußte nach Hummelshain übersiedeln[1]).

Noch spärlicher fließen die Quellen für die neuere Periode der fröhlichen Wiederkunft, die mit der Zeit in die Hände des Forstpersonals übergegangen und als Dienstwohnung benutzt worden war. Wir erinnern nicht an die Momente des traurigen Verfalls, wie er noch vor wenig Jahren sichtbar war; genug, daß es nicht mehr der „lustige Bau" des 16. Jahrhunderts war, und der vorüberziehende Wanderer auch nicht mehr durch den alt ehrwürdigen Namen der fröhlichen Wiederkunft an das bedeutungsvolle Ereigniß erinnert wurde[2]), welches die stille Stätte zu dem würdigsten Denkmal der großen Vergangenheit umschuf.

Da endlich war die Zeit gekommen, wo die veröbete Stätte des glaubenstreuen Johann Friedrich ihren fürstlichen Beschützer wiederfand. Getragen von der Verehrung für den großen Ahnherrn, in wahrer Begeisterung für jene denkwürdigen Zeiten, in denen sich unter dem Banner des Ernestinischen Hauses das protestantische Deutschland um seinem Glauben den ewig denkwürdigen Kampf aufnahm, unternahm es Herzog Joseph von Altenburg, diese Stelle düsterer Vergessenheit zu entreißen und dem Vaterlande in verjüngter Gestalt wiederzugeben.

Wie einst im 16. Jahrhundert der Bau, so ging auch die Restauration hier von kleinen Anfängen aus.

Nachdem ein Theil des obern Stockes vom d. Z. Förster Geinitz bereitwilligst geräumt, erhielt der kleine Restaurationsplan von Dr. Zumpe mit vieler Liebe und Sachkenntniß ausgearbeitet, die Genehmigung des Herzog Joseph, dem sich die kaiserliche Tochter die Großfürstin Alexandra von Rußland mit Freuden anschloß. Dann begann in aller Stille im Jahr 1858

---

[1]) Bericht des Försters Fischer vom 28. Aug. 1680. Altenburg Archiv. Cap. IX. Locat. 17. No. 3. Abschriftl. im Archiv der fröhlichen Wiederkunft. Ich danke dies wie andere Dokumente der besondern Freundlichkeit des Kammerherrn Herrn v. Köthe.

[2]) Der Verfasser bedauert, daß der gegenüber liegende „Keller" den Namen der fröhlichen Wiederkunft zu verdrängen im besten Zuge ist.

die Herstellung eines Saales und zweier Zimmer in einer einfach=würdevollen Weise und war bereits nach der Mitte des September zur Vollendung gediehen.

Worauf Jahrhunderte gehofft, war hier erfüllt. Am 25. September sahen sich sämmtliche Glieder des herzoglichen Hauses, in den hergestellten Räumen auf Veranlassung des Herzog Joseph beisammen. Es war ein Fest der fröhlichen Wiederkunft der regierenden Herrschaften, die von weiter Reise heimkehrend in die neubelebten Räume eintraten und in stiller feierlicher Stunde ihr stilles Dankopfer auf dem Altar des Herrn niederlegten. Und das war zugleich das Fest der Wiedergeburt der fröhlichen Wiederkunft, dessen Bedeutung in allen Gauen des protestantischen Deutschland tief empfunden und mit Dank begrüßt worden ist. Wenn irgend wo, war gerade in diesem Moment eine religiöse Feier[1]) an rechter Stelle..

Seitdem haben die Restaurationsarbeiten in stetem Fortschritt sich erhalten. Ueberall mit lebhafter Theilnahme zunächst im engern Vaterland begrüßt, gewährten auch die Stände des Landes den Antrag, daß die obere Etage des Jagdschlosses in die Zahl und Rechtscategorie der für den regierenden Herzog und das herzogliche Haus reservirten Räumlichkeiten übergehe.

Vorzüglich thätig für die Restauration wie durch neue Schöpfungen auf dem Gebiete der Kunst war Professor Fink aus Altenburg, welcher, um nur einiges anzudeuten, das werthvolle Bild „die wichtigsten Momente aus dem Leben Johann Friedrichs" wiederherstellte[2]) und mit dem wohlgelungenen Porträts Johann Friedrichs und des Wiederbegründers Herzog Josephs, die fröh-

---

[1]) Vergl. Kurfürst Johann Friedrich der Großmüthige und die fröhliche Wiederkunft. Besonderer Abdruck aus der Zeitung für Stadt und Land No. 78. Anonym, aber von Professor Gersdorf in Altenburg. Die Einweihungsrede vom Hofprediger Dr. Sachse im Archiv der fröhlichen Wiederkunft.

[2]) cf. deutsches Kunstblatt 9. Jahrgang 1858 p. 310 wo sich eine Beschreibung findet. Daß sie aus Cranachs Schule, ist dort behauptet worden. Wir lassen es dahingestellt sein. Ursprünglich fand sich das Bild auf dem Schloß zu Altenburg unter zurückgestellten Sachen, und hat wohl nie, wenigstens nicht

liche Wiederkunft geschmückt hat. Gleich verdienstvoll haben sich Professor F. C. Meyer aus Nürnberg und die entferntere Theilnahme des Bauinspectors C. Spittel aus Jena gezeigt, deren Anordnungen und Erwerbungen für die fröhliche Wiederkunft als dankenswerthe Bestrebungen für die Einheit in der Wiederherstellung anzuerkennen sind.

Wie wäre es anders möglich gewesen, daß die fürstlichen Bestrebungen nicht auch im Lande frohe Theilnahme hätten erregen und wach erhalten sollen. Bald war die fröhliche Wiederkunft in ihrer historischen Bedeutung erkannt, die nach einem Schlummer neues Leben gewann und den Eifer für ihre Wiederherstellung erregte, belebte und fort und fort entwickeln ließ.

Einzelne Gemeinden wie Orlamünde[1]), ganze Corporationen und Vereine und auch die Stände des Landes haben bereits die herrlichsten Beweise für das frohe Andenken an längst vergangene große Zeiten hier niedergelegt. Wer mag aller gedenken; es liegt nicht in meiner Aufgabe, eben Gewordenes und noch Werdendes in den Bereich dieser geschichtlichen Darstellung hereinzuziehen. Nur die Wahrnehmung mag ich nicht unterdrücken, die wohlthuend und erhebend ist: Daß die sichtbare Theilnahme, welche zunächst das engere Vaterland an den hochherzigen Bestrebungen seines Her-

---

ursprünglich der fröhlichen Wiederkunft angehört, obwohl das Bild sich vortrefflich für diese eignet. Ein Leitfaden für die Beschauer der Bilder liegt in der fröhlichen Wiederkunft auf, ist aber auch in dem von Gersdorf erwähnten Aufsatze enthalten.

[1]) Orlamünde stiftete einen Schrank, der aus einem Jahrhunderte unter der Erde ruhenden Eichbaum gefertigt ist, der Adel des Landes einen Schenktisch. (von Professor Meyer entworfen) Hundert Männer das Bild des Herzogs Joseph in Lebensgröße; endlich um vieles Andere zu übergehen, bewilligten die Stände des Landes 8000 Thlr. zum Bau einer Försterwohnung, die bereits in Angriff genommen ist. Hierdurch ist die Räumung der fröhlichen Wiederkunft und deren Restauration, wie sie von Herzog Joseph beabsichtigt und aus eignen Mitteln in Vollzug gesetzt wird, ermöglicht. Ein Beschluß der altenburger Landschaft vom 17. Dec. 1862 sichert die Ausführung einer Chaussee von der fröhlichen Wiederkunft nach Hummelshain, womit also das Denkmal der Reformationszeit auch nach der andern Seite für den Besucher zugänglich gemacht wird.

zogs Joseph genommen, immer ein erfreulicher Beweis ist, daß man über den hochgehenden Wogen der Gegenwart die große Vergangenheit nicht vergessen hat, in der einst das angestammte Fürstenhaus im Kampfe für den Glauben an der mächtig vorangeschrittenen geistigen Bewegung unsers deutschen Vaterlandes, wahrlich einen nicht geringen Antheil genommen hat.